Katrin Valeska Kwapich

SCHWESTER WOLKE

BRUDER MOND

Eine Bearbeitung der *Antigone* des Sophokles
in 10 Bildern und einem Vorspiel

mit einem Nachwort zu den Ereignissen in Tibet

Bibliografische Information der Deutschen Nationalbibliothek:
Die Deutsche Nationalbibliothek verzeichnet diese Publikation in der
Deutschen Nationalbibliografie; detaillierte bibliografische Daten sind
im Internet über http://dnb.dnb.de abrufbar.

© 2013 Katrin Valeska Kwapich, Bielefeld
Layout und Satz: Katja Reiche www.designpart.de

Herstellung und Verlag: BoD – Books on Demand, Norderstedt

ISBN: 978-3-7322-9442-8

Die verwendeten Passagen aus der *Antigone* des Sophokles sind der folgenden Textausgabe mit Genehmigung des Vandenhoeck & Ruprecht Verlages entnommen:
Sophokles, Antigone, hrsg. von Carl Becker, übersetzt und eingeleitet von Karl Reinhardt, 6. Aufl., Vandenhoeck & Ruprecht, Göttingen 1982

Schwester Wolke, Bruder Mond
Vater Wind und Mutter Regen:
Die ihr über Bergen wohnt –
Gebt für alles euern Segen!

Orte der Handlung: Lhasa, Barkhor (Basar/Marktplatz vor dem Jokhang-Tempel), Gefängniszelle im Drapchi-Gefängnis (Frauengefängnis) in Lhasa; Vorraum des Gerichts von Lhasa; Teestube am Barkhor, ein kleines Kloster nahe Lhasa, Hütte eines chinesischen Bauern in Sichuan, Provinz Garze

Zeit der Handlung: 10. März - 8. August 2008

Es treten auf chinesischer Seite auf:

Wei Li	chinesische Athletin aus Sichuan, Garze
Mung Lu	ihr Stiefbruder
Vater Mung	verarmter chinesischer Bauer, Wei Li's Stiefvater
Kung	Funktionär der kommunistischen Partei Chinas, amtierender Bürgermeister von Lhasa, Ankläger und Oberster Richter im Prozess gegen Wei Li
Hai Mun	Journalist amerikanisch-chinesischer Abkunft, Freund Wei Li's, Kungs Adoptivsohn
Dui Xa	chinesisch-tibetische Läuferin aus Amdo, Freundin und Trainingspartnerin von Wei Li
Nachbarin	Dorfvorsteherin aus Wei Li's Heimatdorf in Sichuan

Mann der Nachbarin
Wujing   chinesisch sprechender tibetischer
     Wächter

Leibwächter Kungs
Kungs Pressesprecher
Wachen
Miliz

Es treten auf tibetischer Seite auf:

alter Mönch	blinder Seher, Kungs Orakel
junger Mönch	Begleiter des Alten
Teestubenbesitzerin	Tibeterin, die sich mit der chinesischen Herrschaft arrangiert hat
Chime	ihre 15jährige Tochter, eine Prostituierte
ein Gaukler	Puppenspieler
Pema, 9 Jahre	Erzählerin, blinde Tochter des Gauklers
Dolkar, 7 Jahre	ihre kleine Schwester
eine tibetische Familie	
ein Zeitungsjunge	
Nonnen und Mönche	
Das Volk von Tibet	Kinder, Frauen, Männer, Alte

Sonstige:

Franz-Josef Meyerbeer	Deutscher Journalist in Lhasa
Fernsehreporterin	
Nachrichtensprecherin	
die internationale Presse	Stimmen
die 5 GRAUEN	die Herren der olympischen Spiele/Hohe Richter (darunter auch Kung)
jede Menge Touristen	

Stimmen des Volkes

Puppenspiel:
Wei Li
Hai Mun
Vater
Mung Lu
ein Mann
Nomaden
Drache

outoi synechtein, alla symphilein ephyn
Mitlieben, nicht mithassen ist mein Teil.
Sophokles, Antigone, v. 523

Dsi Kung fragte und sprach: „Gibt es ein Wort, nach dem man
das ganze Leben hindurch handeln kann?" Der Meister sprach:
„Gegenseitigkeit. Was du selbst nicht wünschest, tu nicht an an-
dern."
Konfuzius, Gespräche, XV, 23

VORSPIEL AUF DEM DACH DER WELT

Die Bühne hat eine Vorbühne (Proskenium)
Im Vordergrund der Bühne links befindet sich ein riesiger Bildschirm
für Nachrichten und Dokumentationen der aktuellen Ereignisse in Ti-
bet. Im Hintergrund der Bühne ist der Jokhang-Tempel zu sehen. Ein
großer Gong steht vor dem Tempel. Im Vordergrund der Bühne rechts
steht das Rednerpult Kungs mit roten Plastikblumen, daneben ein lee-
rer Fahnenmast.
Auf dem Proskenium sitzen die fünf GRAUEN .

Erster Gong
Das Volk von Tibet, tibetische Mönche, Wachen der chinesischen Mi-
litärpolizei, der Puppenspieler, seine Töchter, Hai Mun und weitere
Journalisten, Touristen, das Ehepaar aus Sichuan, Kinder

Im Hintergrund hört man leise tibetische Gesänge der Mönche und
Nonnen. Das Volk von Tibet betritt in Begleitung chinesischer Wachen die Bühne, umrundet in langsamer Prozession den Platz, kniet

links vor dem Rednerpult in angemessenem Abstand. Im Hintergrund weiterhin Chorgesänge der Mönche. Eine stumme Prozession der tibetischen Mönche mit Spruchbändern: „Lang lebe der Dalai Lama! Freiheit für Tibet! Boykottiert Olympia!" Sie tragen zwei leere, mit Blumen geschmückte Bahren für Wei Li und für Lobsang. Auf den Bahren liegt die tibetische Nationalflagge. Ein Tibeter hisst diese Fahne am Mast. Die Wache tritt hinzu, nimmt den Tibeter fest, holt die Fahne herunter und zerreißt sie. Die Journalisten filmen und protokollieren das Geschehen. Die Touristen stehen staunend und fotografierend dabei. Die Wachen nehmen ihren Posten ein, das Volk verstummt. Die Mönche werden abgeführt, ihre Spruchbänder zerstört. Hai Mun und seine Kollegen dokumentieren über den Bildschirm das Geschehen. Aus dem Hintergrund vernimmt man ansteigenden Lärm der Demonstration, Schreie und Schüsse, die plötzlich verstummen.

BILDSCHIRM-TEXT (1)

Kein Frieden auf dem Dach der Welt!
Peking, 16. März:
Der Dalai Lama wirft Peking „kulturellen Genozid" in Tibet vor. Weiterе Demonstrationen/Panzer in Lhasa/"Mehr als 80 Tote".
In tibetischen Regionen Chinas ist es am Wochenende zu weiteren Protesten gegen die chinesische Herrschaft gekommen. Während in der Hauptstadt Lhasa nach den Ausschreitungen vom Freitag ein großes Polizeiaufgebot für Ruhe sorgte, kam es in tibetischen Provinzen der Hauptstadt Sichuan und Gansu zu neuen Demonstrationen. Nach Angaben von Augenzeugen wurden am Sonntag im tibetischen Kreis Aba der Provinz Sichuan Geschäfte und Wagen in

Brand gesetzt. Die Demonstranten hätten die chinesische Flagge verbrannt und Parolen wie **„Lang lebe der Dalai Lama"** gerufen. [...] In den Straßen von Lhasa waren nach Berichten von Augenzeugen am Wochenende Soldaten und Polizei mit gepanzerten Fahrzeugen im Einsatz.

DIE CHINESISCHE REGIERUNG SPRICHT VON 10 TOTEN!
DALAI LAMA: EINE TERRORHERRSCHAFT!
DEUTSCHE POLITIKER GEGEN BOYKOTT DER SPIELE!

Die amerikanische Außenministerin Rice forderte beide Seiten zum **DIALOG** auf – Angela Merkel (CDU):
GEWALT FÜHRT ZU KEINER LÖSUNG – KEIN BOYKOTT DER OLYMPISCHEN SPIELE

Peking, 25. März:
WEITERE UNRUHEN IN DER PROVINZ SICHUAN
Bei neuen Protesten in tibetischen Regionen der Provinz Sichuan ist nach Angaben der chinesischen Nachrichtenagentur Xinhua ein Polizist getötet worden. Es habe auch Verletzte gegeben. Protestierende Tibeter seien am Montag in der Provinz Garze mit Messern und Steinen auf die Sicherheitskräfte losgegangen. Die Organisation „Tibetan Center of Human Rights" in Indien berichtete, dass in derselben Region **ein 18 Jahre alter Mönch umgekommen** sei, als die Polizei das Feuer auf eine Gruppe von 200 Tibetern eröffnet habe.
DER DALAI LAMA RUFT ERNEUT ZUM FRIEDEN AUF!!!
Menschenrechtsorganisationen fordern eine unabhängige Untersuchung der Vorfälle in Tibet.

**DER BÜRGERMEISTER VON LHASA VERKÜNDET: AL-
LES UNTER KONTROLLE! DER DALAI LAMA DROHT
ERNEUT MIT RÜCKTRITT – KEINE GEWALT; KEIN BOY-
KOTT DER SPIELE!**

Katmandu, 25. März:
NEPAL VERBIETET ANTICHINESISCHE PROTESTE
Bei den seit Tagen andauernden Protesten von Exil-Tibetern in Ne-
pals Hauptstadt Katmandu sind am Dienstag mehr als 100 De-
monstranten festgenommen worden. Nach Berichten von Augen-
zeugen setzte die Polizei Schlagstöcke ein, um eine Kundgebung vor
der chinesischen Botschaft aufzulösen.
**FRANKREICH: BOYKOTT DER ERÖFFNUNGSFEIER AN-
GEKÜNDIGT WELTWEITE PROTESTE GEGEN DAS BRU-
TALE VORGEHEN DER CHINESISCHEN REGIERUNG
KEIN FRIEDEN IN LHASA!**
Nach der Kritik an der Informationspolitik der chinesischen Regierung und der Ausweisung ausländischer Journalisten aus tibetischen
Gebieten organisiert das chinesische Außenministerium erstmals
seit den Protesten [...] eine Tibet-Reise für einige ausgewählte aus-
ländische Journalisten.

Kung betritt in Begleitung der Wachen die Bühne.
Das Volk kniet schweigend vor Kung.
Die Menge der Presseleute und Touristen sind die Zuschauer der poli-
tischen Inszenierung.

1. BILD
Die Vorigen, vier GRAUE

Kung nimmt Rednerpose ein; die Wachen salutieren, Mao-Bild und chinesische Fahne sind neben dem Rednerpult aufgezogen; das Blumenarrangement in den Nationalfarben, auf dem Bildschirm die olympische Fackel und das Emblem der olympischen Spiele.

Zweiter Gong

KUNG: Bürger, so hätten nun den Staat, der fast schon sank,
  Die Götter wieder aufgerichtet!
  Euch aber, auserwählt von allen, rief ich
  Durch meine Boten zu mir,
  Weil ich weiß, dass ihr der großen kommunistischen Partei
  Und dem Mutterland China
  Treu ergebene Kinder seid!

  Wer in des Staates Führung nicht das Beste
  Zu leisten willens ist, wem
  Eine Furcht den Mund verschlossen hält,
  Ist ein Verräter!

  So ist es, so bleibt mein Urteil – heut wie eh!
  Und wer ein anderes höher achtet als sein Vaterland:
  Des Name sei getilgt!

  Denn ich! Ich schweige niemals, säh' ich,
  Wie das Unheil auf meine Bürger rückte
  Statt des Heils!
  Noch trüg' ich meine Freundschaft solchen an,
  Die unseren Staat befeinden,
  Denn ich weiß: Nur er ist es –

blickt zum Mao-Bild
und die große kommunistische Partei.
Sie retten uns!
Genossen, Bürger, Volk von Tibet!
Den heutigen Tag dürfen wir mit Stolz
Als einen Markstein
Der Geschichte des modernen Chinas
Und der autonomen Region Tibet bezeichnen:
Das olympische Feuer der glorreichen XIX. Olympischen Spiele
ist in der Hauptstadt Peking angekommen!
Applaus der KUNG-Fraktion
Ein beispielloser Fackellauf um die Welt beginnt in diesem
Augenblick
und wir - wir alle – sind Zeugen dieses einmaligen, ruhmreichen
Ereignisses!
erneut starker Applaus, Zwischenrufe
Seit vor mehr als einem halben Jahrhundert der Große Vorsitzende und das Zentralkomitee der kommunistischen Partei Chinas in
ebenso umsichtiger wie weit blickender und scharfsichtiger Weise
den Grundstein zu einer friedlichen Befreiung Tibets legten, um
das verängstigte, gepeinigte Volk der Tibeter aus der Dunkelheit
sklavischer Zwangsherrschaft unter Führung einer Clique kor-
rupter Mönche undder uneingeschränkten Oberherrschaft ihres
so genannten „Gottkönigs" - des DALAI! - zu Licht, Stärke und
Selbstbewusstsein eines aufrechten sozialistischen Volkes innerhalb der großen Völkergemeinschaft Chinas zu führen, seitdem
sind Land und Volk vollständig verwandelt.

Heute ist Tibet – Dank des Sozialismus und der aufrichtigen
Bemühungen aller patriotischen politischen Kräfte – eine moder-

ne, aufstrebende Provinz des großen Mutterlandes! Wirtschaft, Kultur, medizinische Versorgung, Infrastruktur, Bildungswesen, politische Freiheit – all dieses blüht, wächst und gedeiht unter der roten Fahne Chinas!

tosender Applaus, schwenkende Fahnen, Zwischenrufe: „Lang lebe der Große Vorsitzende! Es lebe die große kommunistische Partei!"

Wir dürfen nach einem halben Jahrhundert mühevoller Arbeit und für Tibet erstaunlicher Umwandlungen mit Stolz erklären, dass hier und heute Menschen *aller* ethnischen und sozialen Gruppierungen an Tibets Aufschwung teilhaben: dieselben Chancen, dieselben Rechte, eine Freiheit für ein chinesisches Volk!

Die wunderbare, uralte Kultur Tibets wird nicht nur mit dem größten Respekt von der chinesischen Regierung bewahrt, geachtet und befördert – nein! – sie und die religiöse Freiheit aller Tibeter – bildet geradezu die solide Grundlage für ein neues, modernes Selbstverständnis eines befreiten Tibet!

Wenn wir heute gemeinsam den olympischen Fackellauf durch Peking begehen, dann blickt die Welt auf uns. Tibet trägt nun als Teil des chinesischen Mutterlandes zur Umsetzung der hehren Ziele einer harmonischen sozialistischen Gesellschaft bei!
Konfuzius sagt:
Der Edle stellt Anforderungen an sich selbst,
Der Gemeine stellt Anforderungen an die anderen Menschen.

Internationale Völkerverständigung, Achtung der Menschen- und Bürgerrechte, Solidarität, Fortschritt, Wohlstand der Massen – das ist Tibet – heute!
tosender Applaus der KUNG-Fraktion

Und daher sage ich euch:

Niemals, und ich sage, niemals!

Wird es den Unheilstiftern und Aufrührern, diesen rücksichts-
losen, heimtückischen Verderbern des chinesischen und tibetischen Volkes, diesen Wölfen unter dem Schafspelz im Gewand
bußfertiger Mönche

blickt scharf zu den verhafteten Mönchen hinüber

gelingen, das ruhmreiche Schauspiel des olympischen Fackel-
laufes durch ihre niederträchtigen, verbrecherischen Anschläge
auf Heimat und Partei in den Schmutz zu ziehen!

Niemals!

Dem DALAI –

Dem DALAI – der großen Schlange - und seiner korrupten Clique von Lügnern, Betrügern, Verrätern des eigenen Volkes sage
ich jetzt und hier den Kampf an! Und jeder, jeder von euch, der
hier anwesend ist, wird mir – uneingeschränkt! - zustimmen!

leises Murren im Volk, das durch die Wachen sofort unterdrückt wird;
Applaus durch die KUNG-Leute

Er hat seine Schwadronen ausgesandt, die herrlichsten, glän-
zendsten Spiele, die die Welt jemals gesehen hat, durch Mord und
Brand zu schänden!

Er allein und niemand sonst ist verantwortlich, sage ich, für dutzende, für hunderte von Todesopfern in allen Teilen des Landes!
Ihm nur ihm gebührt der Dank für schwerste Zerstörungen an
Leib, Leben und Besitz unbescholtener chinesischer Mitbürgerin-
nen und Mitbürger!

Volksgenossen, Menschen aus eurer Mitte! – o ihr Bürger von

Lhasa – ehrliche Kaufleute, harmlose Passanten, ja sogar hilflose Kinder und Frauen sind von den „friedfertigen Anhängern des buddhistischen Glaubens" hier auf euren Straßen meuchlerisch ermordet worden!

Hier, auf diesem Platz des Friedens, – vor Lhasas heiligsten und ältesten Tempel! - haben sie, diese „Lämmer der Geschichte"- eure eigenen Landsleute hingeschlachtet!

Unruhe im Volk, Zwischenrufe

Frieden!?! - Kein Frieden auf dem Dach der Welt!

Zornige Zwischenrufe der Parteigänger: „Nieder mit dem DALAI! Hängt sie auf! Lang lebe Mao Tsedung!" Murren des Volkes, das von den Wachen sofort unterdrückt wird. Die Presse verfolgt aufmerksam das Geschehen, versucht vereinzelt zu filmen und zu fotografieren, was von der anwesenden Miliz wiederum unverzüglich unterbunden wird. Die Touristen reagieren zum Teil verschreckt, zum Teil neugierig, auch gleichgültig.

Nur dem kompromisslosen Einschreiten unserer Regierung ist es zu verdanken, dass dieser Brandsatz gelöscht und die Brandstifter unverzüglich ihrer gerechten – allzu gerechten – Strafe zugeführt worden sind!

Nur durch den beherzten, aufopferungsvollen Einsatz furchtloser Staatsdiener herrschen wieder Ruhe und Frieden herrscht auf dem Dach der Welt. Daher warne ich einen jeden von euch:

Wer sich mit den Feinden des Staates verbündet, ihre Umtriebe stützt, wer sich durch Bild, Wort oder Gedanke als einen der Ihren zu erkennen gibt, wer den durch gerechten Arm gefällten Gegnern die Ehre des Bestattungsrituals zukommen lässt:

Der ist unser Feind!
Und wie das hehre olympische Feuer seinen unaufhaltsamen Lauf
nimmt von Land zu Land, von Stadt zu Stadt - bis es nach Peking
heimkehrt, um dort in der Mutterstadt die ruhmreichsten Spiele
zu
Ehren Chinas zu verkünden – so werde ich den Frieden, den heiligen olympischen Frieden sichern –:
„Rein von Mord und still von Waffengeklirr!" – wie schon die
Alten sagten!

Olympia – das ist internationale Völkerverständigung!
Olympia – das ist friedlicher, sportlicher Wettkampf der Besten!
Olympia – das ist Chinas Macht, Größe und Stärke in seiner
schönsten, erhabensten Form!
Olympia – !!!

Donnernder Applaus der Miliz und eines großen Teils der für diese Ge-
legenheit auserwählten „Volksgruppe" der Tibeter. Die Presse filmt, fo-
tografiert, berichtet über Kungs glorreiche Rede; während sich Kung in
seinem Erfolg sonnt, erscheint eine der Wachen mit der an den Händen
gefesselten Wei Li.

2. BILD
Die Vorigen, Wei Li, eine Wache

Der Wächter beugt sich zu Kung, spricht leise mit diesem; Wei Li steht
mit gesenktem Blick, den Rücken zum Publikum, vor dem Pult.
KUNG Was sagst du? Wie und wobei ergriffst du, die du bringst?
WÄCHTER Sie ist's, die ihn begrub; so weißt du alles!
KUNG Ist dir bewusst und wahr auch, was du sagst?

WÄCHTER Sie sah' den Toten ich begraben,
  Den du verbotest! Ist die Antwort klar genug?
KUNG Und wie ward sie gesehen und überführt?
WÄCHTER So ging es vor sich: Wieder angekommen,
  Nachdem du uns so fürchterlich bedrohtest,
  Fegten die Erde wir fein säuberlich
  Vom Toten, bis er nackt, der schon verweste,
  Setzten uns auf des Hügels Rand im Winde,
  Um dem Geruch der Leiche zu entgehen,
  Und weckten uns mit Schelten auf, einer
  Den anderen, wenn er seine Pflicht versäumte.
  Das währte so, bis in des Himmels Mitten
  Das Rund der Sonne sengend stand und drückend
  Die Schwüle ward: Da plötzlich - steht
  Vor uns dieses Kind und hebt ein Jammern an
  Mit einer Stimme, gell wie eines Vogels,
  Sieht er verwaist, der Brut beraubt, das Nest.
  So, da sie nackend wieder fand den Toten;
  Auch sie wehklagte bitterlich und wünschte
  Des Himmels Fluch auf den, der das getan.
  In ihren Händen trägt sie Staub herzu
  Und gießt aus zierlich erzgetriebener Kanne
  Der Spenden Dreizahl zu des Toten Lab.
  Wir, kaum gewahr, stürzen hinzu -
  Bald haben wir sie erjagt – doch das erschreckt sie nicht –
  Und zeihen sie der Tat, der eh begangenen
  Und wiederholten – und sie leugnet nichts!
KUNG Das reicht.
Gibt ihm ein Zeichen, zu verschwinden.
Der Wächter tritt zurück, Kung wendet sich Wei Li zu.

KUNG Dich frag' ich, dich mit dem gesenkten Haupte:
Bekennst du oder leugnest du die Tat?
WEI LI Ich habe sie getan und leugn` es nicht!
KUNG Du sage mir – doch knapp und ohne Umschweif:
War dir bewusst, dass dies verboten war?
WEI LI Ja, wie auch nicht. Das war ja allbekannt.
KUNG Und wagtest, *solch Gesetz* zu übertreten?
WEI LI Das war auch Shou nicht, der mir das befohlen,
noch Yen-Lo in der unteren Götter Rat.
Von *ihnen nicht* ist dies Gesetz der Menschen,
Das Sterbliche, dass es das ungeschriebene,
Untilgbare der Götter übertraf.
abgehoben, zu den Zuschauern
Denn nicht von gestern, nicht von ehegestern,
Das währt und lebt seit ewig, keiner weiß, wie lang.
wieder klar
Des wollt ich nicht, vor keines Menschen Hochmut
In Angst, im Spruch der Götter schuldig werden.
KUNG *hitzig*
Du gibt's es also zu, frech und dreist vor allen diesen,
dass du mit Staatsverrätern gemeinsame Sache gemacht,
dass du – entgegen meinem ausdrücklichen Befehl –
dich an der Volksgenossenschaft vergangen hast,
indem du ihren Schädigern – zum Verderben aller! –
die letzte Ehre erwiesen, du gibst es zu und schämst dich nicht?
WEI LI Treu sein dem eignen Blute schändet nicht!
KUNG Dem eigenen...? - Du bist Chinesin, Tochter eines Genossen der großen kommunistischen Partei, eine unserer auserwählten Athletinnen, der die hohe Ehre zugefallen ist, bei den prächtigsten und bedeutendsten olympischen Spielen aller Zeiten

Gold für das chinesische Mutterland zu erringen! Was schert dich
der Tod eines aufgehetzten tibetischen Hundes? Lass seinen Leib
den Geiern! Nichts Besseres hat er verdient!
„Himmelsbestattung" nennen sie das hier, mein Kind!
Und du wagst es...
WEI LI *wendet sich zum Volk*
Er war mein Freund. Ich habe ihn nur kurz gekannt.
Nur wenige Tage. Er hat mich auf der Straße aufgelesen, halb
verhungert und erfroren. Nahm mich im Kloster auf, dort über
eurer Stadt. Gab mir zu essen, zu trinken, einen Platz zum Schlafen. Er hieß Lobsang. Er war Mönch.

Am frühen Morgen wollte er nach Lhasa, um im Jokhang-Tempel
zu beten:
Für den Frieden. Für Tibet.
Gegen die Kämpfe, gegen Gewalt!

Es ist noch mitten in der Nacht.
Wir gehen zu Fuß nach Lhasa, der Wind bläst scharf und eiskalt;
ich friere, aber er singt leise vor sich hin.
Ein Soldat pöbelt ihn an, aber er bleibt freundlich.
Da sind viele Mönche auf dem Weg nach Lhasa, alle wollen zum
Tempel, zum Tempel der großen Göttin Lhamo.
Es ist noch früh am Morgen, aber die Straßen hallen wider vom
Geschrei der Menge.
Plötzlich fallen Schüsse! Ich schreie, laufe, er holt mich ein, wir
bergen uns in einem Hauseingang. Tausende strömen in die Stadt,
Soldaten, Miliz an allen Ecken, jetzt auch Panzer! Die Mönche
schreien Parolen – ich kann sie nicht verstehen. Polizei überall,
gellende Sirenen, Gewehrsalven! Ich kann Lobsang nicht mehr

sehen, nicht hören. Da läuft er – mitten hinein in die Menge, vor
den Tempel – dann Tränengas, Schreie, Schüsse - sein Gesicht!
bedeckt ihr Gesicht mit den Händen
Lobsang -
Er war jung, noch sehr jung –
wie mein Bruder.
Aber bescheiden, klug und gütig.
Er wollte nicht kämpfen.
Nicht sterben.

Er hatte Mitleid mit ihnen. Mit uns.
Mit allen.
Mein Bruder.

KUNG So merke dir: Der allzu spröde Sinn
Zerbricht am ehesten; allzu harten Stahl,
Je überhitzter in der Schmelze Tiegeln,
Siehst du am eh'sten reißen und zersplittern!
Hochgemuter Stolz!
Gedeiht nicht dem, der eines anderen Knecht.
zum Publikum
Sie aber überhob zum Ersten sich,
Da sie erlassenes Gesetz verletzte,
Und überhob sich, dies getan, zum Zweiten,
Da sie voll Hohns sich ihrer Tat berühmte!
Kein Mann wär' ich nicht mehr fürwahr statt ihrer,
Blieb' ungebüßt ihr dieser Sieg errungen!
zu den Wachposten
Führt sie ab!
Die Wache mit Wei Li ab; Hai Mun filmt die Szene und wird von den

*Wachen abgeführt, das Filmmaterial wird vernichtet; die Wache salu-
tiert, Kung verlässt die Rednertribüne; das Volk verharrt in Schweigen,
die Journalistenund Touristen werden von Wachen umdrängt.*

**Dritter Gong
Vorhang**

3. BILD

Schwester Wolke – Bruder Mond (Ein Puppenspiel)

*Wei Li, der Wujing, der Gaukler mit seinen Töchtern Pema und Dol-
kar, tibetische, chinesische und andere Kinder, die tibetische Familie,
der alte und der junge Mönch, Touristen*

Proskenium:
*Wei Lis Gefängniszelle: Wei Li liegt im grellen Neonlicht auf der Prit-
sche, ein Wassernapf, sonst keine Einrichtung. Folter und Dauerverhöre
haben ihre Spuren hinterlassen; sie zeigt erst keine Reaktionen auf ihre
Umgebung. Während des Puppenspiels erwacht sie aus ihrer Ohnmacht,
geht langsam in der Zelle auf und ab, lauscht dem Puppentheater, bis
der Wujing sie auffordert, sich wieder zu setzen.*
Bühne:
*Platz vor dem Gefängnis: Der Gaukler baut seine Puppenbühne auf,
tibetische Kinder tanzen um ihn herum; seine Tochter Dolkar singt das
Lied von „Schwester Wolke"; Touristen mit Kameras stehen am Rande,
schauen zu, lachen, unterhalten sich, werfen am Schluss Münzen,
applaudieren; Dolkar tanzt und sammelt das Geld ein.*

DOLKAR *singt*

Schwester Wolke, Bruder Mond
Vater Wind und Mutter Regen,
Die ihr über Bergen wohnt -
Gebt für alles euern Segen!

PEMA *erzählt frei vor dem Puppentheater*
In China, in der Provinz Sichuan, in dem Land Garze, wo die
hohen Berge beginnen und das Land rauer und kühler ist als im
Süden, lebte einst ein armer Bauer, dem war die Frau gestorben.
Der Bauer hatte aber einen Sohn, Mung Lu geheißen, der war
stark und groß wie ein Ochse, aber auch faul und träge. Lieber
lungerte er tagsüber in den Teestuben und nachts in den Wein-
schenken herum, verspielte sein weniges Geld und das kümmerliche Erbe seines Vaters und trieb auch sonst allerlei Unwesen. Oft
genug, wenn Nachbarn und Freunde den Trunkenen nach Hause
in seine kleine Hütte brachten, damit dieser seinen Rausch aus-
schlafen konnte, seufzte der Alte vor Gram und Sorgen. Derweil
wäre das kleine Bambuswäldchen des Alten wohl verwildert, die
magere Reisernte seiner kleinen Parzelle wäre eingegangen, wäre
da nicht noch ein Kind gewesen, eine Tochter seiner verstorbenen
Frau. Diese war ein wahrer Sonnenschein für den Vater. Wei Li
ward sie geheißen und sie war jung und schön, schlank und flink,
demütig und bescheiden, gehorchte dem Vater und diente dem
Bruder. Wei Li war es, die morgens das Teewasser aufsetzte und
dem Alten seinen Brei hinstellte, Wei Li hielt die kleine Hütte
sauber und reinlich, sie arbeitete tagsüber im Dorf, kehrte abends
erst spät vom Feld heim und war bei alledem fröhlich und guter
Dinge. Nie beklagte sie ihr Los, wenn die anderen Mädchen zum
Tanz gehen konnten und sie noch bis tief in die Nacht Feldarbeit
verrichten musste. Sie war des Vaters ganzer Stolz, Mung Lu aber,

sein leiblicher Sohn, fraß ihm die Haare vom Kopf. Schon waren viele Jahre seit dem Tod der Mutter vergangen, da betrat Wei Li eines Abends stiller als gewöhnlich die väterliche Hütte und richtete stumm das Abendbrot für den Alten. Dem Vater war das nicht entgangen und so rief er seine Tochter zu sich...

PUPPENSPIEL

VATER Wei Li!

WEI LI Ja, Vater?

VATER Wei Li, was bedrückt dich?

Hast du etwas auf dem Herzen?

WEI LI Nein, Vater.

sie verbeugt sich vor ihm

VATER Wei Li, Kind, komm' zu mir!

Wei Li setzt sich zum Vater an den Tisch. Vater und Tochter sehen sich an, senken den Blick; verlegenes Schweigen.

WEI LI Ja, Vater.

VATER Kind, ich muss etwas mit dir besprechen.

Aber zuvor – du scheinst mir

heute blasser und stiller als gewöhnlich.

Bist du etwa krank? Soll ich

Mung Lu nach dem Doktor schicken?

WEI LI Mir fehlt nichts, Vater.

VATER Komm – heraus mit der Sprache.

Irgend etwas bedrückt dich, ich

sehe es deinen Augen an.

Die strahlen nicht so hell und warm wie sonst,

wenn ich dich heimkommen sehe!

WEI LI *bleibt stumm und ängstlich vor dem Vater stehen; spricht leise und zögernd* Vater, ich ...

VATER Sprich, meine Tochter, ich sehe doch,
dass du etwas auf dem Herzen
hast. Wenn ich es dir erfüllen kann, bei dem Wenigen,
was uns noch geblieben ist…
WEI LI *tritt vor ihn hin*
Vater, du weißt, wie sehr ich dich und Mung Lu liebe.
Ich werde immer für euch da sein.
Ihr seid alles, was ich habe, alles, was ich bin.
Niemals, Vater, habe ich dich bisher um einen Gefallen gebeten.
VATER Liebes Kind, was ist geschehen?
WEI LI *zögernd*
Seit ich ein kleines Mädchen war und alle, auch die schnellsten
Jungen im Wettlauf besiegt habe, und Mutter, weißt du noch, sie
stand mit verschränkten Armen lachend am Waschtrog und rief
mir schon von weitem zu: „Lauf, Wei Li, lauf mein kleines
Pferdchen!" Seit ich in der Schule Jahr für Jahr dir zum Stolz
und Mutter zur Freude alle Medaillen und Pokale der
Sportwettbewerbe gewonnen habe – seitdem habe nicht
aufgehört davon zu träumen – einmal, ein einziges Mal nur – an
den großen Spielen teilzunehmen, den olympischen.
VATER Wei Li, was höre ich?
WEI LI Mit sieben Jahren hat mich Mutter zum ersten Training
gebracht und bis sie starb – viel zu früh! – habe ich trotz aller Ar-
beit in der Schule und zuhause auf dem Feld Tag für Tag mit der
Mannschaft trainiert. Ich habe es ihr versprochen – die schnellste
Läuferin von Sichuan! Und jetzt – sie haben mich aufgestellt! Va-
ter! Ich gehe nach Peking! Nach Olympia!
VATER Du hast trainiert? Heimlich? Ohne meine Zustimmung?
Hast an Wettkämpfen teilgenommen? Wann? Was fällt dir ein,
Kind, du vergisst, mit wem du sprichst!

WEI LI Ich bin erwachsen, Vater. Ich arbeite, verdiene mein eigenes Geld. Nie
habe ich meine Pflichten als Tochter vernachlässigt.

VATER Doch bleibst du mein Kind, ich dein Vater;
nur ich entscheide, was du tust und wohin du gehst –
bis du verheiratet bist und eigene Kinder hast.

WEI LI Ich bin Läuferin, Vater, Athletin und ich bin - nominiert! Für Olympia! Meine Trainerin hat mich heute vor der gesamten Mannschaft in die Kadergruppe unserer Provinz berufen! Schon nächste Woche fahren wir ins Trainingslager. Erst Lhasa, dann Lucheng und endlich nach Peking! Die Firma übernimmt alle Kosten! Es ist eine große Ehre!

sie tritt an den Bühnenrand, deklamierend
Im Namen aller Athleten verspreche ich, dass ich an den olympischen Spielen teilnehmen und dabei die gültigen Regeln respektieren und befolgen werde.

VATER *resigniert, tritt vor dem Hausaltar*
Ehre!
Oh, wahrlich, die Götter strafen mich allzu hart! Nach dem Tod deiner armen Mutter ist mir nichts, gar nichts erspart geblieben: Mein Haus eine kümmerliche Hütte, mein Acker verdorrt, mein Vieh gestohlen oder vom Fuchs geholt, mein Sohn, mein einziger Sohn – ein Nichtsnutz und Tunichtgut, ein Trunkenbold, der allezeit die Polizei ins Haus bringt – Schande über Schande!– und nun – du? Meine letzte Hoffnung, mein Lichtstrahl – meine helle Freude, Stütze und Trost. Nun auch du?

WEI LI *stürzt ihm zu Füßen*
Ach, Vater, bitte, lass' mich gehen! Nur dieses eine Mal! Ich werde dir niemals wieder ungehorsam sein! Das verspreche ich beim Andenken!

VATER *wendet sich ab*
Nicht sie! Sprich nicht von ihr! Den Göttern sei Dank, dass sie dieses Unglück nicht mehr miterleben musste! Nein! Ich untersage es dir! Ein für alle Mal! Es schickt sich nicht für die Tochter eines armen Bauern in die große Stadt zu ziehen! Genug der Ehre! Du bleibst!
Wei Li will fort, stößt mit Mung Lu zusammen, der sie grob in die Hütte zurückbugsiert.
MUNG LU *torkelt auf einen freien Stuhl zu*
Was muss ich da hören? Es pfeifen schon die Spatzen von den Dächern! Die Täubchen gurren's fein und leise vom Taubenbaum
(flüsternd)
Du willst in die große Stadt, Schwesterchen? Und für uns – die armen Reisbauern aus dem „Land des Überflusses" – olympisches Gold holen?
laut, derb
Und dann – dann bleibst du dort und suchst dir ‚nen netten Freier, der dir ein schöneres Leben bescheren kann als dein alter Vater, nicht wahr, Wei Li? Das hast du dir fein ausgedacht und meinst wohl, ich käm' dir nicht drauf, du – Hure!
spuckt nach ihr, Wei Li weicht ihm aus
VATER Mung Lu! Ich verbiete dir, so mit deiner Schwester zu sprechen. Sie ist ein gutes Mädchen!
MUNG LU Schweig, Alter! Davon verstehst du nichts!
Wei Li will sich zurückziehen, aber Mung Lu packt sie am Arm und zwingt sie, sich zu setzen.
MUNG LU Du setzt sich jetzt hin und bist still! Und du, Vater, hör' auf zu greinen wie ein zahnloser Greis! Seid frohen Mutes! Bald werden wir nämlich reich sein, reich! Jawohl, richtig reich!
trinkt unmäßig Wein, der auf dem Tisch steht

VATER Was meinst du mit – reich?

Bist du toll oder von einem schlechten Dämon besessen, Junge?

MUNG LU *verächtlich*

Wir werden diese Hütte in Staub verwandeln und aus dem schimmeligen Kaff in ein prachtvolles Haus in der Stadt ziehen- Was sag' ich, Haus? In den größten Palast des legendären Kangding! Du wirst nie mehr in diesen schlechten blauen Lumpen gehen, Vater, nie mehr deinen Rücken auf dem ollen Acker krumm schinden. Und ich werde den größten amerikanischen Schlitten fahren, den die Stadt je gesehen hat! Und du, Wei Li, du wirst von Kopf bis Fuß in Gold und Seide gehen wie eine echte Prinzessin und das erste Haus der Stadt führen!

VATER *barsch*

Du hast wieder getrunken, Mung Lu! Der Reiswein wird dich noch ganz um den Verstand bringen! Wei Li, richte dem Bruder sein Lager!

MUNG LU *lallend und grölend*

Betrunken! Ha! Väterchen! Noch lange nicht betrunken genug! Bring' neuen Reiswein, Schwester, und einen Becher für den Vater! Das muss gefeiert werden!

Wei Li rührt sich nicht.

MUNG LU *lümmelt sich auf dem Stuhl*

Na, los, ab mit dir in die Küche! Und bring' mir ja nicht mehr denselben langweiligen Maisbrei! Hol' uns Essen vom Gasthof! Hühnchen am Spieß! Und ein ganzes Schwein! Frische Süßkartoffeln und Maisbrot und mehr Wein!

wirft ihr einige Renminbi zu, die Wei Li nicht aufhebt

VATER *steht auf*

Jetzt ist es genug. Wei Li setz' dich, Mung Lu, reiß' dich zusammen. Ich habe mit euch beiden etwas Wichtiges zu sprechen.

MUNG LU *aufsässig*
Wohl deinen letzten Willen, Alterchen?
Den kannst du dir sparen. Ab heute bin ich ein gemachter Mann
und dann – pfeif ich auf dein Häuschen und den dürren Acker!
Denn Wei Li, mein Täubchen, meine Lieblingsschwester, unsere
schöne, flinke Wei Li - wird schon sehr bald den ehrenwerten
Herrn Wu Zhang aus der Hauptstadt zum Gemahl nehmen.
VATER Diesen Halsabschneider? Diesen Dieb von einem Dieb?
Diesen Hehler, der seine Schlägertrupps ausschickt, wenn man
seine Waren nicht zum sechsfachen Preis kauft, diesen gemeinen
Verbrecher, diesen Verräter der eigenen Klasse? Niemals! Hörst
du? Niemals gebe ich meine Einwilligung dazu!
MUNG LU Empör' dich ruhig, Vater. Der ehrenwerte Herr Wu
Zhang, dein zukünftiger Schwiegersohn, ist einer der reichsten
und mächtigsten Männer unseres Landes und er wird schon mor-
gen in aller Form um die Hand…!
WEI LI Nein! Vater! Bei allen Göttern! Beim Andenken unserer
Mutter!
MUNG LU …um die Hand meiner schönen Stiefschwester an-
halten.
zieht Wei Li an sich heran
Also, zier' dich nicht so. Du wirst ihm eine gute Ehefrau werden
und dein Lebensglück ist gemacht!
VATER Nein!
MUNG LU *trinkt weiter Schnaps und Wein, spricht kalt und gleich-
gültig*
Der Handel ist perfekt. Deine Zustimmung ist nicht mehr nötig
– Vater! Er hat mich gefragt und ich – habe ja gesagt! Wei Li's
Hochzeit wird mich zum reichen Mann machen. Mein zukünf-
tiger Herr Schwager hat mir in seiner Tabakkette in Sichuan den

Posten des Geschäftsführers und Teilhabers angeboten – dann haben wir alle für immer ausgesorgt! Du könntest wenigstens dieses eine Mal stolz sein auf deinen klugen Sohn, Vater! Wei Li! Bring' mehr Wein!

Vorhang Puppenbühne

Wei Li erhebt sich in ihrer Zelle, geht zum Fenster, sieht das Puppentheater.

PEMA Tief in der Nacht, als Vater und Bruder endlich eingeschlafen waren, schnürte Wei Li ihr Bündel, nahm Wegzehrung für einige Tage und ihr gesamtes Erspartes mit, schloss dann leise die Tür der Hütte und machte sich auf den weiten, beschwerlichen Weg nach Lhasa...

Vierter Gong
Vorhang

4. BILD
Proskenium/Zuschauerraum:
Hai Mun, weitere Journalisten und Amnesty-Aktivisten demonstrieren vor dem Gerichtsgebäude mit Plakaten, Spruchbändern, Flugblättern und einer Fernseh-Dokumentation über Chinas Menschenrechtsverletzungen und Hinrichtungen gegen die Verhaftung Wei Li's. Forderungen nach einem Olympia-Boykott werden laut, die Demonstration wird schließlich von der Miliz aufgehoben, Hai Mun und andere „Reporter ohne Grenzen" werden erneut verhaftet.

Vor dem Gerichtssaal sitzen auf zwei Bänken einander gegenüber: Mung Lu, der Vater, Meyerbeer, ein Journalist, die Dorfvorsteherin aus dem Heimatdorf in Sichuan, ihr Mann, der blinde alte Mönch, der

junge Mönch, eine tibetische Teestubenbesitzerin, ihre Tochter Chime,
vor der Tür des Gerichtssaals hält ein Wujing Wache; hinzu kommen
Hai Mun, Dui Xa, Wachen, Plakatträger im Publikum, an den Seiten
der Bühne und des Proskeniums. Ein Wujing hält Wache vor der
geschlossenen Tür des Saals.

VATER Wie spät ist es, Sohn? – Schon Mittag vorbei? Wie lange
sitzen wir nun hier...? Nichts als warten, warten! Was machen sie
nur mit ihr, Mung Lu?

Mung Lu liest Zeitung.

NACHBARIN
mustert Vater und Sohn unverschämt, taxierend
Ja, das kommt davon, Alter. Immer hoch hinaus, immer was Besseres als unsereins! – Ach, meine Wei Li, das ist ein Mädchen –
keine kann sich mit der messen... Das hat sie dir jetzt ja gezeigt!
Dass du dich nicht schämst, Genosse!

MANN *mit Blick zur Wache, flüsternd*
Sei doch ruhig, Frau.

NACHBARIN Wie alt ist sie denn jetzt eigentlich, deine feine
Stieftochter? Hättest sie schon längst unter die Haube bringen
sollen! Aber nein, der Herr schickt das Mädel in die Stadt – soll
was Rechtes lernen! Ja, ja, zu gut für die harte, ehrliche Arbeit auf
dem Hof! Der ist dir ja dann auch übel zugrunde gegangen, seit
dein Weib...

MANN Sei still, Frau, du bringst das Verderben auch noch über
uns!

NACHBARIN Wenn es doch wahr ist? Bin doch Zeugin. Muss
doch die Wahrheit sagen.
zu den anderen
Ich bin nämlich die Dorfvorsteherin; aus Garze, Sichuan. Drei
Tagesreisen von hier. Ob wir wohl jetzt schon unser Zeugengeld

bekommen?

MANN Frau!

Der Wujing tritt vor, das Gespräch verstummt.

WUJING In der Sache *Die Volksrepublik China gegen die Dissidentin Wei Li* rufe ich den Genossen Mung in den Zeugenstand!

VATER Ich, aber warum – ihr habt mich doch schon zweimal stundenlang vernommen?

springt auf, bedrängt den Wujing

Sag mir, was macht ihr mit meiner Tochter? Mung Lu, sag' du doch einmal etwas dazu! Sie ist deine Schwester!

NACHBARIN Stiefschwester!

Der Wujing bedeutet Mung Lu ihm zu folgen.

MUNG LU Bleib ganz ruhig, Vater! Nicht dich, mich wollen sie noch mal anhören.

VATER Sohn, bei allen Göttern! Ich flehe dich an: Rette deine Schwester! Sie ist unschuldig! Mein Kind!

Mung Lu faltet gemächlich die Zeitung zusammen und folgt dem Wujing in den Saal, die Tür schließt sich hinter ihnen; allgemeines Aufatmen unter den Zeugen. Ein Journalist tritt auf, setzt sich zum Vater.

MEYERBEER Gestatten, Meyerbeer, Franz-Josef, Lhasa Evening-Post. Ehrenwerter Herr Mung, darf ich Sie für unsere Leser um ein kurzes Interview bitten? Sie müssen wissen – ganz Tibet fiebert dem Ausgang des Prozesses ihrer Tochter entgegen. Eine Sensation – ich sehe schon die Schlagzeile – „Chinesische Olympionikin weint um toten Tibeter – Todesstrafe oder lebenslänglich?"

NACHBARIN

zupft ihn am Ärmel

Stieftochter – sie war… ist nur seine Stieftochter! Ich bin die Dorfvorsteherin, müssen Sie wissen.

MEYERBEER Wie dem auch sei – ich hätte da ein paar Fragen an

Sie, die sie unseren Lesern sicher gerne beantworten werden. Unsere Zeitung wird sich selbstverständlich großzügig…

VATER Lassen Sie mich in Ruhe.

MEYERBEER Ich verstehe natürlich ihre persönliche Erregung in der augenblicklich etwas angespannten Situation sehr gut, aber Sie müssen auch das Gesamtinteresse der Leserschaft, will sagen, ganz Lhasa, ganz Tibet hofft natürlich mit Ihnen und Ihrer Familie.

MANN Hören' se denn schlecht? Sie soll' n uns in Ruhe lassen!

NACHBARIN Nu lass' ihn doch! Is' doch int'ressant.

Sie holt aus dem Korb Äpfel, die sie schält, viertelt und reihum anbietet

MEYERBEER Also, Herr Mung, beginnen wir mit ein paar einfachen Fragen zur Person. Sie sind der Stiefvater der angeklagten Leichtathletin, Wei Li, einer unserer ganz großen Hoffnungsträgerinnen für die kommenden olympischen Spiele, gebürtig aus der Provinz Sichuan, Garze?

NACHBARIN *eifrig*

Jawohl. Das ist er. Er ist unser Nachbar, müssen Sie wissen, wir kennen uns schon – also mein Mann kennt ihn – seit ewig, also seit mindestens – vierzig, nein, fast fünfzig Jahren. Wohnen im selben Dorf – alles ziemlich herunter gekommen, wissen'se, wird ja nich' mehr so auf Ordnung gehalten, heutzutage.

MANN Bist du gleich still!

MEYERBEER Lassen Sie doch ihre Frau erzählen, ich bitte Sie. Soll auch Ihr Schaden nicht sein.

TEESTUBENBESITZERIN Diese Wei Li, die kenn' ich nicht, noch nie vorher von ihr gehört. Aber ihr Bruder, der ehrenwerte Herr Mung Lu, der ist öfter bei uns in der Stadt. Geschäfte, wissen' se … und das ist wirklich ein ganz feiner Mann, der Herr Mung Lu, immer so großzügig, immer galant.

blickt zu ihrer Tochter

Ein echter Gentleman.

MEYERBEER

notiert alles eifrig

Herr Mung, können Sie unseren Lesern kurz schildern, wie Sie ihre Tochter beim Aufbau ihrer Leichtathletik-Karriere unterstützt haben?

Der Vater schweigt.

MEYERBEER O. k, fangen wir nochmal ganz am Anfang an. Wann haben Sie das Talent Ihrer Tochter für die Leichtathletik entdeckt? In der Schule? Oder schon früher? Haben Sie sie selbst zum Training angeleitet? Oder...?

NACHBARIN

holt Pfirsiche hervor, die sie in der Schürze säubert, bietet sie dem Journalisten an, der dankend ablehnt

Nehm' se ruhig, sind von zuhause, frisch gepflückt. Oder woll'n 'se lieber ein Ei? Aber, was ich sagen wollte...

zum Mann, der ihr bedeutet zu schweigen

Nu lass' mich doch endlich mal! Also, werter Herr, meinen Namen haben'se sich notiert? Na gut. Der Vater wollte das nicht, nie. Das ganze Getue mit dem Sport, das war die Frau. Sie hat sie zum Training gelassen, statt ihr – wie es sich gehört hätte! Aber dafür haben die Götter sie bestraft! - Kochen und Nähen und Kinder hüten, das hätte'se man lernen sollen! Zweimal, dreimal wöchentlich! Jedes Wochenende war sie los, dann Bezirksmeisterschaften, Landesmeisterschaft. Nur die Nese hoch! Kein Wunder, dass es so mit der gekommen ist! Bis man sie dann gefunden hat, eines Tages...die Ärmste, aber das, wissen'se, das hab ich ja lange schon kommen sehen...

MANN *erregt* Weib!

NACHBARIN Ich sag' ja schon gar nichts mehr. Aber es ist doch die Wahrheit! Man wird doch noch die Wahrheit sagen dürfen!
sie kramt im Korb nach ihrem Strickzeug,
wendet sich zur Teestubenbesitzerin
Bin schließlich Dorfvorsteherin, bei uns im Dorf in Sichuan. Mein Vater war schon Dorfvorsteher. Muss alles seine Ordnung haben. Hat er immer gesagt. Wir sind anständige Leute…
Der Wujing führt in diesem Augenblick Mung Lu wieder in den Warteraum. Augenblickliche verstummen die Gespräche.
VATER *leise* Mung Lu!
MUNG LU Nicht jetzt.
VATER Sohn, was ist – was haben sie – gesagt? Ist das Urteil…?
MUNG LU Nicht jetzt, Vater.
Dui Xa stürzt auf die Bühne, sieht sich verwirrt um, entdeckt den Wujing.
DUI XA Lassen Sie mich ein! Man muss mich anhören! Wei Li ist unschuldig! Ich kann das bezeugen! Bitte: Ich möchte aussagen!
Der Wujing wehrt sie ab. Unruhe im Wartesaal.
NACHBARIN *strickend*
Wer ist denn die?
TEESTUBENBESITZERIN
blickt gleichfalls von ihrem Strickzeug auf
Hübsche Person!
CHIME Die kenn' ich. Hab' sie schon mal in der Zeitung gesehen! Oder im Fernsehen? Schicke Jacke! Würde mir auch gut stehen.
NACHBARIN Schlecht und recht gesellt sich gern! Auch so eine…!
MANN Nun ist es aber genug! Du sagst kein Wort mehr.
Die Nachbarin wendet sich wieder ihrem Strickzeug zu
Meyerbeer macht begeistert Aufnahmen von Dui Xa
und telefoniert mit seinem Redakteur.

MEYERBEER Freddy, ja, ich bin's, Meyerbeer. Nein, noch nicht! Wir warten. Ja, ja, genau! Halt' mir mal die Titelseite frei, das wird hier noch 'ne Bomben-Story! O. k, o. k. ich muss Schluss machen!

Der Wujing nimmt ihm Handy und Kamera ab. Dui Xa versucht, am Wujing vorbei in den Saal zu gelangen, öffnet die Tür halb. Der Wujing versperrt ihr den Weg, schließt die Tür, wehrt ihre Angriffe lässig ab.

DUI XA Bei allen Göttern! Lass' mich jetzt da hinein! Meine Aussage kann sie retten! Sie steht unschuldig vor Gericht!

VATER Hörst du nicht, was sie sagt? Lass' sie rein, Wujing!

Er bedrängt die Wache, die ihn mit dem Schlagstock bedroht. Mung Lu zieht seinen Vater zurück auf die Bank. Meyerbeer notiert sich alles eifrig, die Übrigen schweigen, beobachten das Geschehen.

DUI XA *tritt als Zeugin vor die Anwesenden wie vor das Gericht*

Ich bin Dui Xa, 21 Jahre, Tochter eines Schlossers und einer Näherin aus Amdo, Tibet. Ich bin Chinesin. Meine Familie lebt seit über 30 Jahren in Tibet. Wei Li habe ich vor zwei Jahren im Trainingslager in Drepung kennen gelernt. Ich liebte sie von Anfang an, sie war meine Freundin, meine Schwester.

Anfang März wurden wir vom Kader ausgewählt, an den olympischen Spielen in Peking teilzunehmen, wir beide! Ich war überglücklich. Wei Li wollte am selben Abend mit ihrem Vater über die Reise sprechen. Nur eine Woche später sollten wir uns auf den Weg ins Trainingslager machen: erst Lhasa, dann Lucheng, dann Peking!

Doch dann - Wei Li erschien nicht am festgesetzten Tag, auch nicht am nächsten, nicht am übernächsten. Sie war verschwunden. Niemand hatte sie mehr gesehen. Ich war in tiefer Sorge. Die

Hütte des Vaters war verschlossen, der Bruder nicht aufzufinden. Unsere Trainerin drängte zur Abfahrt. Für dich wurde eine andere als Ersatz gefunden. Ich konnte es nicht fassen...

Wir fuhren nach Lhasa. Es war der Abend des 30. März. Unsere Unterkunft lag etwas abseits, ein kleines Kloster außerhalb der Stadt. Ganz Lhasa stand Kopf wegen der kommenden Ereignisse. Trotz täglicher Kontrollen und sich verschärfender militärischer Präsenz war die Stadt rot und bunt von Wimpeln und Olympia-Bannern. Wir fieberten dem großen Tag entgegen: der Ankunft der olympischen Fackel in Peking. Das kleine Kloster, das von der Miliz noch nicht umstellt war, wurde in diesen Tagen Herberge für Ströme von Pilgern und Tibet-Reisenden, die keine Unterkunft mehr fanden. Viele mussten weiter ziehen, nicht allen durften die Mönche trauen. Da sah ich sie, Wei Li!

VATER Sie lebt?

DUI XA Mit einer Gruppe von Pilgern kam sie zum Kloster. Ich erkannte sie nicht gleich. Sie muss den größten Teil der letzten Strecke zu Fuß gelaufen sein, in der Deckung der Nacht, immer in der Furcht vor Militär. Sie war von Wind, Kälte und Hunger völlig erschöpft, sank zusammen, bevor jemand helfen konnte.

Ein Mönch kam auf sie zu, ein ganz junger Mensch, etwas Farbiges leuchtet auf in der Dämmerung. Dann nur der Schatten, wie er sie aufhebt. Wei Li? Schon ist sie verschwunden. Im Kloster schweigen sie. Eine Fremde? Nein. Nicht gesehen. Niemand weiß etwas, niemand spricht. *Zap Zap je* – sei vorsichtig!

Am nächsten Morgen herrscht eine schwüle, offizielle Festtagsstimmung. Ganz Lhasa ist auf den Beinen, Ausnahmezustand. Schwärme von Touristen, Nomaden, Mönchen, Tibeter, Chinesen: bunte Völkermischung des Barkhor, dazwischen überall Mi-

litär. Die grünen Jacken an allen Gebäuden, auf allen Plätzen. Tag und Nacht Wachen am Potala-Palast, an den Tempeln. Nachts wieder Aufstände, dutzende von Verhaftungen. Keiner von uns wagt es, sich aus der Sicherheitszone zu entfernen.
Wir gehen geschlossen.

VATER Und Wei Li? Hast du sie gesehen?

DUI XA Vor dem Jokhang-Tempel, Tibets größtem Heiligtum, strömt alles zusammen. Unübersehbar die Scharen der Pilger, die roten Roben der Mönche. Der Lärm wächst, dann Schreie! Ich halte mir die Ohren zu, will nichts hören. Gellende Schreie! Wieder und wieder! Schüsse, Panik, ich starre – kann mich nicht rühren, nicht wegsehen. Der Platz plötzlich voller Blut, Tote liegen dort, weggeworfene Säcke verdorbenen Getreides. Eine junge Frau kniet mitten auf dem Platz vor einem der erschossenen Mönche, hält ihn fest, lässt sich nicht wegzerren, Wei Li! Ich höre mich schreien! – sie rührt sich nicht, kniet da neben dem Toten, wärmt seine Hand, küsst seine Stirn. Zu viert sind sie, packen sie, schlagen zu, treten, wieder und wieder, sie blutet, bleibt liegen. Sie schleifen die Ohnmächtige hinter sich her.

ALTER MÖNCH
erhebt sich schwer, gestützt vom jungen Mönch
  Selig, wes' Tag sich erfüllt unwissend des Fluches!

DUI XA Im Kloster finde ich mich wieder. Meine Gedanken rasen: Jetzt bist du tot, Schwester, du bist tot! Keine Hoffnung mehr! Es vergeht eine Nacht, zwei, drei, eine Woche. Da stehst du plötzlich vor mir, lachst, lachst wie irre – krümmst dich vor Lachen, völlig erschöpft, fängst dich wieder: Sie haben dich laufen lassen.
Deine Bluse ist zerrissen, an den Händen und im Gesicht Striemen, und verwischtes Blut, aber du lebst. Von anderen erfahre ich: Sie haben dich weggesperrt. Tagelang, nächtelang verhört, ge-

prügelt, an den Haaren gerissen, geschlagen, bespuckt, verhöhnt – dann der Ausweis, dein Visum für Peking, aus dem Futter der zerrissenen Jacke: Du bist eine von uns, auserwählte Athletin, heiliges, heiliges Olympia!

MEYERBEER *schreibt eifrig mit, halblaut*
„Auserwählte Athletin, Heiliges Olympia!"- super!

NACHBARIN Pssst!

DUI XA Das Unerhörte geschieht. Ich begreife dich nicht mehr:
Hilft deine meiner Hand den Toten tragen?-
Du willst ihn tatsächlich begraben, den Toten vom Platz?
Hilft deine meiner Hand...?
Wei Li, sage ich, du bist von Sinnen! Hast du vergessen, was sie dir angetan haben? Was sie jeden Tag wieder tun können?
Sie ergreift Chime, die auf der Bank vor sich hindöst, zerrt sie von der Bank. Sie wendet sich ab, schweigt.
Hör mir zu, und ich fasse sie fest, hör gut zu, Schwester:
Sie werden dich beiseite nehmen, dich in irgendein Verlies stecken! Ob hier in Lhasa oder bei uns in Sichuan, das ist egal.
Wo auch immer, du bist in Gefahr! Niemand wird je erfahren, was mit dir geschehen ist. Niemand dich finden. Du wirst lebendig begraben sein in ihren unsichtbaren, schwarzen Gefängnissen!
Mit meinem Goßvater haben sie es so gemacht. Zwei Jahre war er verschollen, wir hatten ihn schon betrauert, an Chin Ming für seinen Geist Opfer gebracht, da kam er plötzlich heim: Ein Wrack, hilflos, schmal, unfähig zum Leben; sie haben ihn halbtot geschlagen, die linke Seite vollständig gelähmt, haben ihm das Nasenbein zertrümmert, Elektroden an seine Ohren gelegt und beide Beine gebrochen. Er spricht kein Wort seit dem...Willst du das? –
Sie stellt Chime an ihren Platz, nimmt Wei Li's Position ein, spricht

den folgenden Dialog aus wechselnder Sicht.

Nein! Einsehen heißt es, erstens: Frauen sind wir,
Geboren um mit Männern nicht zu kämpfen!
Sodann, den Stärkeren sind wir untertan,
Um zu gehorchen, tu' es noch so weh!
Du schweigst. Gehst ohne ein Wort. Ich kenne dich nicht mehr
wieder!
Sanfte, gutmütige Wei Li! Du gibst nicht nach:
Hilft deine meiner Hand den Toten tragen? –
Begraben willst du ihn trotz des Verbots?
Des Verbots? Wessen Verbot, fragst du.
Ich schmeichle, bitte, flehe, drohe - du drehst dich um.
Im Streit gehst du, zornig, uneinsichtig: den Bruder begraben.

MUNG LU *faltet die Zeitung zusammen*
Welchen Bruder?

*Hai Mun und zwei weitere Journalisten von „Reporter ohne Grenzen"
werden während Dui Xa's Auftritt von einer Wache hereingeführt.
Von draußen laute Stimmen „Freiheit für Wei Li! Boykottiert Olympia! Lang lebe Seine Heiligkeit! Nieder mit der Dissidentin! Es lebe
die ruhmreiche kommunistische Partei! Freiheit! Nieder! Lang lebe der
Dalai Lama! Boykott! Freiheit!" Am Bühnenrand, vor der Bühne, an
den Seiten und im Publikum treten Demonstranten mit Plakaten auf,
die das Schicksal von Folteropfern und und weitere Meschenrechtsver-
letzungen in Tibet dokumentieren. Diese Repräsentanten der Selbstverbrennungsopfer, Lagerinsassen und Folteropfer tragen im Verlauf der
Urteilsverkündung ihre „Erinnerungssteine" zu Wei Li's „geschachtetem
Gehege" auf dem Proskenium zusammen.*

DUI XA Den Bruder. Den namenlosen Mönch.

ALTER MÖNCH *stehend, rezitierend*
Da sprach der Namenlose: Lass deine Seele wandeln jenseits der

Sinnlichkeit, sammle deine Kraft im Nichts. Lass allen Dingen ihren freien Lauf und dulde keine eigenen Gedanken – und die Welt wird in Ordnung sein.

DUI XA *umfasst Chime*
Wei Li, flehe ich sie ein letztes Mal an, knie vor ihr, halte sie fest, fester noch! Schwester, gib nach, er ist tot. Es ist nicht deine Schuld. Du schuldest ihm nichts. Nicht dein Leben! Gib Acht auf dich!

Denk auch an uns! An deinen Vater! Den Bruder! An Olympia!

TEESTUBENBESITZERIN
Was fällt Ihnen ein? Lassen 'se meine Tochter!

NACHBARIN *hart*
Und sie hat es dennoch getan!

MANN Verzweifelt war sie, Frau, und rechtschaffen. Sie ehrte die Götter.

NACHBARIN Ei was, Götter! Imperialistisches Geschwätz!

TEESTUBENBESITZERIN
Und die Schande? Hat sie daran mal gedacht? Diese Schande! So einen nennt sie Bruder! Nein, was für ein Unglück für den edlen Herrn Mung Lu!
verneigt sich unterwürfig gegen diesen

CHIME *poliert sich die Nägel*
Dumm war sie, naiv. Ich hätt' das nicht gemacht!
Ihre Mutter nickt eifrig, strickt weiter, die Nachbarin stimmt ihr zu.

ALTER MÖNCH
stehend, gestützt vom jungen Mönch
Selig, wes' Tag sich erfüllt unwissend des Fluches!

JUNGER MÖNCH
Denn wes' Haus ein Gott erst erschüttert,

ALLE CHINESEN *stehend*

43

Unheil schwillt ihm zuhauf

ALLE TIBETER

stehend

Und wächst von Geschlecht zu Geschlechte!

HAI MUN Aufhören! Sofort! Seid ihr alle wahnsinnig geworden!

Alle setzen sich wieder. Hai Mun drängt sich nach vorne zum Wujing, versucht mit ihm über Dui Xa's Zulassung in den Zeugenstand zu verhandeln.

NACHBARIN

leise zu Meyerbeer

Wer ist denn das?

MEYERBEER Hai Mun – der Star der internationalen Presse von Lhasa und…*(flüsternd)* der Sohn vom Alten. Sieh an, sieh an: Haben 'se dich mal wieder einkassiert? Junge, Junge, was der sich leisten kann!

NACHBARIN Von wem ist das der Sohn?

MEYERBEER Na, von eurem obersten Chef hier!

TEESTUBENBESITZERIN

flüsternd, mit scheuem Blick zum Wujing

Kungs Sohn!

MEYERBEER Genau. Der Prinz von Lhasa persönlich.

CHIME *laut, sich in Positur setzend*

Das ist Kungs Sohn?

Die Mutter stößt sie an mit Blick auf den Wujing.

HAI MUN *zum Wujing*

Hast du nicht verstanden, Wujing? Lass jetzt die Zeugin in den Saal. Ein Menschenleben hängt davon ab. Dir egal? Ach, ich vergaß, wir sind in China! Hier kennt man ja keine Menschenrechte!

Meyerbeer lacht, Die übrigen schauen betreten weg.

Der Wujing reagiert nicht auf Hai Mun.

HAI MUN *wendet sich an die Anwesenden*
Was schaut ihr so? Geht's euch nichts an? In diesem Moment
wird hier vor aller Augen ein unschuldiger Mensch zu lebenslan-
ger Haft, vielleicht auch zum Tode verurteilt! - Und ihr?
sieht jeden einzeln an -
Ihr strickt gemütlich weiter!
Fasst den Vater, führt ihn an die Rampe, zeigt auf die stummen Plakat-
träger im Publikum und an den Seiten der Bühne.
Siehst du was, Alter? Da steht sie, deine Tochter. Bei den Vielen,
den Namenlosen, im Dunkeln. Keine Angst, sie kommen dir
nicht zu nahe, die unzähligen, die überzähligen Gefangenen,
Gefolterten, Verschollenen, Ermordeten!
Nein, was hat sie denn verbrochen? Sie ist doch mein
Kind, mein unschuldiges Kind? - In diesem Staat genug.
Du hast die Wahl, Vater. Nimmst du den Strick? Einen Schuss?
Die Kugel - zahlst du! Nimm doch Gift! Darauf kommt es nicht
an. *zerrt Mung Lu, der sich wehrt, gleichfalls nach vorne*
Schau von hier aus, Bruder: Da steht sie, deine Schwester! Nicht
auf dem Treppchen mit Siegeshymne! Sichuans Stolz! - Und du
rechnest dir gerade deinen Profit aus und wie du sie am besten
vermarktest? - Nein! Du siehst schon ganz recht:
Sie steht am Schafott. Von allen Häusern, Mauern und Zäunen
prangt es in roten Lettern, wann man ganz offiziell ihren letzten
Tag feiern darf! Augenglück nennt man das. Augenglück!
hält Mung Lu fest, der sich wieder setzen will
Warte: Vielleicht, meinst du, kommt sie ja noch mit lebenslänglich davon? Für das große chinesische Mutterland müssen wir
doch alle unser Opfer bringen, oder?
wendet sich ans Publikum
War jemand von euch schon mal in so einem Lager? Nein? Wie

fühlt sich das an: achtzehn, neunzehn, zwanzig Jahre hinter fensterlosen Mauern? 40 Quadratzentimeter - so mal so - das ist euer Schlafplatz. Platz genug für eine Urne. Aber man kann Menschen auf die unterschiedlichste Weise töten, nicht wahr, vor allem durch den erhabenen konfuzianischen Geist und die herrliche Partei-Doktrin. Und zwanzig Jahre sind eine Zeit! Im Lager doppelt. Hinab mit ihr also ins geschachtete Gehege, ins unerhörte Grab? Ausgeschlossen von Lebendigen und von Toten? Weder Mensch noch Gebein?

Mung Lu reagiert kalt, setzt sich wieder auf seinen Platz, der alte Mönch nickt dazu, murmelt unaufhörlich Gebete, der Vater weint leise vor sich hin, betretenes Schweigen der Übrigen. Meyerbeer macht sich an seinen Aufzeichnungen zu schaffen. Hai Mun blickt zu ihm hin.

Und, nicht zu vergessen, die internationale Presse – demokratisch, überparteilich, unbarmherzig. Nicht wahr, Meyerbeer: Du wirst ein schönes BILD schießen, wenn sie fällt! In Großformat und auf jeder Titelseite! Ihr könnt ja alle nichts dafür, das ist doch euer Job! – Wir, das ist sicher, wir sind unschuldig!

Schrecklich. barbarisch. Diese Chinesen! Aber sonst, also wirtschaftlich gesehen, da ist China ja mittlerweile ganz vorne. Menschenrechte? Angesichts der rasanten Entwicklung Chinas - und sie tun ja wohl jetzt auch viel für den Umweltschutz - da muss man schon mal über solche Kleinigkeiten hinwegsehen! Im Grunde genommen ist das ja auch nicht unsere Angelegenheit. Wir sind doch schließlich alle hier wegen der phantastischen olympischen Spiele!

zum Wujing

Hör zu, du lässt jetzt diese Zeugin in den Saal!

Er drängt die Wache beiseite, schiebt Dui Xa halb durch die Tür, wird vom Wujing überwältigt und zu Boden geschlagen. Dui Xa beugt sich über ihn. Der Wujing reißt sie gewaltsam zurück. Der Knienden hält der Wujing seine Waffe ins Genick wie bei einer Exekution. Die übrigen erstarren vor Schreck. [Standbild]

MEYERBEER *fotografiert die Szene, begeistert*
  Augenglück!
ALTER MÖNCH
erhebt sich, gestützt vom jungen Mönch
  Viel des Unheimlichen ist,
JUNGER MÖNCH Doch nichts ist unheimlicher als der Mensch.
ALTER MÖNCH Im erfindenden Geiste
  Nimmer verhoffter Dinge Meister,
JUNGER MÖNCH Geht er die Bahn, so des Guten
  Wie des Bösen.
ALLE TIBETER Hält er doch Gesetz der Heimat
  Und der Götter beschworene Rechte!
NACHBARIN Volkes Zier!
TEESTUBENBESITZERIN
  Volkes Fluch,
ALLE CHINESEN Wem des Guten Widerspiel
  Sich gesellt in Empörung.
CHOR DER TIBETER UND
CHOR DER CHINESEN
  Der sitze an meinem Herde nicht
  Noch sei sein Trachten dem meinem gemein
  Der solchen Beginnens.

Fünfter Gong

5. BILD

Wei Li, die 4 GRAUEN, Kung zu den Vorigen

Wei Li tritt gefesselt und von Wachen begleitet heraus, schreitet wie in Trance durch die Gasse der Anwesenden; das Hohe Gericht erscheint in der geöffneten Tür.
WUJING Das Hohe Gericht!
Alle verbeugen sich tief bis auf Hai Mun und Dui Xa.
WUJUNG Der ehrenwerte Höchste Richter Kung! Die ehrenwerten Geschworenen!
Alle außer Hai Mun und Dui Xa knien nieder. Wei Li steht mitten auf der Bühne. Die vier GRAUEN treten neben Kung, flankiert von zwei Wachen.
KUNG In der Strafsache die Volksrepublik China gegen die Dissidentin Wei Li verkünde ich folgendes Urteil:
Die Dissidentin Wei Li, chinesische Staatsbürgerin, 20 Jahre alt, aus der Provinz Sichuan, wird gem. §§102, 103, und 105 des Strafgesetzbuches der Volksrepublik China wegen „Untergrabung der öffentlichen Moral", „Widerstand gegen die Staatsgewalt" und „Aufruf zum Umsturz unter dem Einfluss der DALAI-CLIQUE" zu lebenslänglicher Haftstrafe ohne Bewährung verurteilt. Eine Überstellung in ein Umerziehungslager in Abhängigkeit von guter Führung der Delinquentin ist frühestens nach Verbüßung von 18 Jahren Haftstrafe möglich. Bei der Bemessung des Strafmaßes kommt erschwerend hinzu, dass die Angeklagte keinerlei Reue zeigt. Das Urteil ist rechtskräftig.
Wei Li geht wie in Trance auf den Bühnenrand zu, nimmt niemanden wirklich wahr. Die Gefangenen der Lager errichten nun von allen Sei-

ten, auch aus dem Publikum heraus, vor dem Proskenium mit ihren Erinnerungssteinen das „geschachtete Gehege", in das Wei Li hinabsteigt.

WEI LI Seht mich, Vaterlandes Bürger,
Meinen letzten Weg gehen,
Meiner Sonne letztes Licht
Schauen und keines wieder.

Shou Hsing, der Allbettende, führt mich
Lebende zu Tung Yueh's Ufer
Nicht nach Brautstandes Art,
Kein Hochzeitslied
Tönt, mich empfangend, zur Hochzeit –
Zu Yen-Lo Wang komm' ich vermählt:
Alle erheben sich.
CHINESEN Gehst doch gepriesen, in Fülle des Lobes
Von hier scheidend ins Totenreich,
Von zehrendem Übel unversehrt,
Um keines Schwertes bedungenen Lohn
Dir selber Gesetz, gehst einzige du
Lebend hinunter zu Tung Yueh.
WEI LI Weh! Närrisch machen sie mich!
Warum, o ihr Vätergötter,
Musst du mich höhnen, eh' ich hinab bin,
Mich noch im Licht?
O Stadt, o aus der Stadt
Ihr vielbegüterten Männer!
Ihr doch, ihr
Müsst mir bezeugen, wie unbeweint
Von den Meinen, nach was für Recht,

Ich ins geschachtete Gehege
Muss, ins unerhörte Grab!
Io! Ausgestoßen ich Arme!
Von Lebendigen und von Toten!
Weder Mensch noch Gebein!
VATER Auf deines Trotzes Gipfel, Kind,
Stürztest du tief
Vor den ragenden Stufen des Rechts;
Deiner Schuld Erbteil wohl
Musst du büßen.
wendet sich resignierend ab
NACHBARIN Fromm sein dient zu frommem Werke,
Aber Macht, was Machtes Amt ist,
Duldet nicht, was sie bestritte:
TEESTUBENBESITZERIN Dich zerstört eigenen Trachtens
Starrsinn.
WEI LI *wird von zwei Wachen ergriffen*
Tränenlos, lieblos, unhochzeitlich
Führen sie mich den nahen Weg;
Nicht dieses Lichtes heiliges Auge
Darf ich, ach, noch einmal schauen
Um mein Geschick
Weint der Freunde keiner.
KUNG Wenn Klagelieder vor dem Tode zählten-
Das wisst ihr nicht? – da hörte keiner auf!
Hinweg! Sogleich!-
Wei Li wird von zwei Wachen in das Verlies geführt.
CHOR DER TIBETER
CHOR DER CHINESEN
ohne Hai Mun und Dui Xa auf der Mitte der Bühne

Viel des Unheimlichen ist
doch nichts unheimlicher als der Mensch.

Sechster Gong
Vorhang

Der große Weg ist ohne Tor.
Wer Straßen geht, ist fehlgeleitet.
Geborgen, wer durchstieß die Schranken
Und einsam durch das Weltall schreitet.

6. BILD

Mung Lu, Vater, Dui Xa, Teestubenbesitzerin, Chime, die Nachba-
rin mit ihrem Mann, der alte und der junge Mönch, der Wujing, der
Gaukler mit Pema und Dolkar, Touristen, Journalisten, die tibetische
Familie, Hai Mun, Nachrichtensprecherin (Bildschirm-Text 2), ein
Zeitungsbote

Teestube in der Nähe des Jokhang-Tempels am Barkhor; die Einrich-
tung bunt, kitschig-folkloristisch mit billigen Buddha-Imitationen, eine
kleine Bühne für Gesang- und Tanzeinlagen, ein riesiger Fernseher.

Mung Lu lehnt betrunken an der Bar, neben ihm Meyerbeer, der auf
ihn einredet und ihm schließlich einen Umschlag zuschiebt; am Ne-
bentisch der Vater mit Dui Xa, die ihm wie eine Tochter ist. Im Hin-
tergrund an den Tischen die tibetische Familie, deren Kinder Glücks-
schärpen und Amulette an die Gäste verkaufen, Touristen (darunter
zwei Spitzel der Geheimpolizei), Journalisten, an der Tür der Wujing.
Neben den beiden Mönchen sitzt das Ehepaar aus Sichuan. Sie lässt
sich von dem alten Mönch das I-Ging-Orakel legen. Die Teestuben-
besitzerin bedient die Gäste. Auf einem umgestürzten Karton haben

Dolkar und Pema eine kleine Puppenbühne errichtet und probieren die Handpuppen aus. Der Gaukler geht von Tisch zu Tisch, bittet um Spenden. Hinter der Theke blättert Chime gelangweilt in alten Modezeitschriften und spielt mit der Fernbedienung. Auf allen Kanälen läuft nur Olympia-Berichterstattung.

FERNSEH-DOKUMENTATION (BILDSCHIRM-TEXT 2)

SPRECHERIN
Das olympische Feuer erreicht die tibetische Hauptstadt.
Unter strengsten Sicherheitsvorkehrungen hat am frühen Morgen der olympische Fackellauf durch die tibetische Hauptstadt Lhasa begonnen. Zu Beginn der Zeremonie gedachten heute mehrere hundert Zuschauer wie bei den anderen Stationen des Fackellaufs zunächst mit einer Schweigeminute der Opfer des schweren Erdbebens, das sich am 12. Mai in der Provinz Sichuan ereignet hatte und bei dem rund 80.000 Menschen getötet und beinah 380.000 Menschen verletzt worden waren. Die meisten Todesopfer wurden aus den Gebieten der Städte Mianyang, Deyang, Chengdu und Guangyan gemeldet. Das Beben beschädigte in Sichuan und den anliegenden Provinzen mehr als 5 Millionen Gebäude. 5, 8 Millionen Menschen wurden obdachlos.

Am Rand der 9,3 km langen Strecke zum Potala-Palast winkte die begeisterte Menge mit olympischen und chinesischen Fahnen. Unter den 156 Fackelläufern sind auch Tibeter. Die Flamme, die um die Welt gegangen ist, wird in Lhasa auch mit dem Feuer vereint, das auf den Mount Everest getragen worden ist.

HAI MUN *als Reporter vor Potala-Kulisse*

Vor dem Fackellauf wurden erneut 12 Teilnehmer der Unruhen in Tibet verurteilt. Die Höhen der Haftstrafen wegen Brandstiftung, Raubs oder Angriffen auf Staatsorgane wurden nicht genannt. Weitere 1157 Menschen, denen kleinere Vergehen vorgeworfen werden, sollen angeblich wieder auf freien Fuß gesetzt worden sein. Der Fackellauf in Tibet wird von exiltibetischen Gruppen massiv kritisiert. Aus ihrer Sicht will Chinas Regierung damit ihren Machtanspruch bekräftigen. *Reporter ohne Grenzen* fordert den Bürgermeister von Lhasa zu einer öffentlichen Stellungnahme.
Hai Mun wird von Sicherheitskräften abgedrängt

SPRECHERIN
Nur noch 48 Tage und 12 Stunden bis zur Eröffnung der 29.olympischen Sommerspiele in Peking. Die Vorbereitungen laufen auf Hochtouren. Wir schalten nun zurück zum olympischen Dorf nach Peking, wo sich bereits seit zwei Wochen Athleten aus aller Welt eingefunden haben…

CHIME Guck mal, Hai Mun, den kenne ich! Eigentlich 'n ganz netter Typ, sieht auch gut aus. Das soll der Sohn von Kung sein, hab' ich gehört.
MUNG LU Mach' doch endlich diesen Mist aus! Mir reicht's schon lange mit eurem ewigen Olympia-Gequatsche. Wenn's nach mir ginge…
CHIME Bah, Feuer in Lhasa, das habe ich schon mindestens dreimal heute gesehen. Was ist daran bloß so interessant. Gib mal, ich will 'nen Spielfilm! Oder Bollywood. Man, is das langweilig!
sie zappt durch die Programme, schaltet eine Bollywood-Tragödie ein
Na, geht doch!
TEESTUBENBESITZERIN Chime! Chime!

sie stellt den Ton aus, blickt ihre Tochter vorwurfsvoll an
Bedien' die Gäste!
Chime verzieht sich murrend in den Hintergrund.
MUNG LU *schiebt das leere Glas hin, die Teestubenbesitzerin schenkt nach* Ja, wenn's nach mir gegangen wär, was, Vater? Da hatten wir einen schönen, fetten Goldfisch an der Angel. Ich wär' heut' ein gemachter Mann. Du könntest endlich mal zufrieden sein, statt zu meckern. Und wir alle hätten ausgesorgt, Alter. Aber sie, dein Täubchen – sie hat's uns vermasselt, das schöne Geschäft!
Er hält Chime, die sich neben ihn gesetzt hat, Comics liest und Kaugummi kaut, auf Armlänge von sich, starrt sie an.
Gold wolltest du für Sichuan, Schwesterchen? Gold für Tibet? In Gold hättest du baden können, Schwester, wärst du nur die Meine geblieben. In Samt und Seide gekleidet wärst du gegangen, wie Prinzessin Wencheng. Dem Vater zur Ehre, dem Bruder zur Zier...
Er hält Chime, die sich wehrt, in hartem Griff fest.
Wen nennst du Bruder? Einen toten Tibeter! Den falschen Hund, diese Schlange von Mönch? Einen Staatsverräter, der mit unseren Feinden gemeinsame Sache macht? (*schüttelt Chime*) Sind wir nicht alle Chinesen, Schwester, erhabene, stolze, kühne Drachensöhne? Wer ist dein Vater? Wer dein Bruder?
betritt die kleine Karaoke-Bühne, singt gröhlend und falsch zur Radiomusik
Im alten Osten wohnt ein Drache
China mit Namen.
Im alten Osten lebt ein Volk,
Die Brut des Drachen.
In den Klauen dieses Ungeheuers wuchs ich auf
Und trat sein Erbe an.

Ob ich es will oder nicht -
Ich bin für immerdar ein Nachkomme des Drachen.
Mung Lu verbeugt sich erneut. Die Kinder klatschen, der
Wujing erhebt sich, setzt sich wieder.
TEESTUBENBESITZERIN Hier ist euer Tee. Trinkt euren Tee.
Sie winkt der Tochter, die sich jetzt an Mung Lu anschmiegt und sich
auf seinen Schoß setzt.
MUNG LU Will keinen Tee! Will Wein, gib mir Wein! Oder
Schnaps, wenn du keinen Wein mehr hast. Und lass' mich mit
deiner Tochter in Ruhe!
stößt sie weg

Dolkar hat aus einem Karton die Puppenbühne errichtet und holt alle
Figuren heraus. Die Kinder der Flüchtlingsfamilie kommen und be-
staunen neugierig die Figuren, probieren sie aus. Pema steckt die Figu-
ren ärgerlich wieder in den Beutel, aber ihre kleine Schwester besteht
auf einer „Sondervorstellung".

DOLKAR *spielt und singt*
Schwester Wolke – Bruder Mond!
Vater Wind und Mutter Regen!
Die ihr über Bergen wohnt:
Gebt für alles euren Segen!
In China lebte einst ein Mann, dem war die Frau gestorben,
doch hatte er noch einen Sohn,…
KINDER Den Mond!
DOLKAR Und eine Tochter.
Die war lieblich und schön von Angesicht
Und flink und leicht wie eine...
KINDER Wolke!

DOLKAR Die Mutter lehrte sie alles, was Mädchen wissen müssen:
Kochen und Nähen, Spinnen und Weben.
Aber lieber lief sie mit den Jungs des Dorfes
um die Wette und sie gewann jedes Mal! Auch lehrte der
Vater sie lesen und schreiben und beide Eltern
liebten sie als die schönste und kostbarste Perle.
KIND War der Bruder da nicht böse auf die Wolke?
DOLKAR Warst du böse, Mond?
der Mond schüttelt den Kopf
JUNGE *nimmt eine Drachenfigur*
Der Drache kommt und frisst dich, Mond!
MÄDCHEN Wie kann denn der Drache den Mond fressen?
JUNGE Dann frisst der eben die schöne Schwester!
*Er verfolgt die Schwester Wolke, die Dolkar in der Hand trägt und will
sie fressen. Alle Kinder schreien.*
PEMA Genug, Dolkar.
sie packt die Puppen weg
MUNG LU
zunehmend betrunken
Spielst schön, mein Kind!
wirft ihr eine Münze zu
Hatte auch eine Schwester, weißt du, wie im Märchen. Eine schö-
ne Schwester! Hatte auch 'nen feinen Mann für sie gefunden.
Hätte uns alle glücklich gemacht. Und reich! Reich wär'n wir
jetzt! Was Vater!? – Hat dann aber doch nicht sollen sein…Ver-
raten hat uns die schöne Schwester! Verraten dich und mich! Sie
hat uns alle verraten!
GAUKLER *tritt leise an Mung Lu heran, umtänzelt ihn mit seinen
Puppen*
Deine Schwester, Mung Lu, die hat Mut.

MUNG LU Schweig, elender Bettler! Was fällt dir ein! Hat man dich noch nicht aus Lhasa rausgejagt? Pack deine Brut, sonst mach' ich dir Beine!

GAUKLER *umgarnt ihn, höhnisch rezitierend*

Selig, wes Tag sich erfüllt, unwissend des Fluches...!

MUNG LU Was schert' mich dein Geschwätz, Puppenspieler. Für dich ist sowieso gleich Feierabend, was meinste?

lacht und nickt zum Wujing herüber, der sich erhebt

GAUKLER *baut sich vor ihm auf*

Du schwelgst hier in Tränen, Schnaps und Selbstmitleid, Bruder Mond. Aber sag' einmal: Womit bezahlst du denn eigentlich deinen ganzen Schnaps und den Reiswein, den du hier säufst? Hast sie wohl schon verkauft, deine teure Schwester? Lhasa-Evening-Post, Lhasa-News, Lhasa Kurier: War sie dir das wert? War's genug für einen Monat im schönsten Hotel von Lhasa, Touristenklasse, mit Aussicht auf den prächtigen Potala? Oder war's mehr? Hat sich's richtig gelohnt?

MUNG LU *gleichgültig*

Pack' dich, Bettler, pack deine kleinen Kröten ein und lass' mich in Ruhe.

TEESTUBENBESITZERIN *nervös*

Ich rufe gleich die Polizei! Verschwinde aus meinem Lokal und nimm' deine Gören mit!

GAUKLER Nicht so schnell, nicht ganz so eifrig, meine Lieben. Erst will ich euch allen noch eine gute Nachricht bringen, (*flüsternd*) auch wenn die Zeitungen es offiziell noch nicht drucken dürfen: Wei Li – so geht das Gerücht in Lhasa, (*laut*) Wei Li, heißt es, - ist wieder frei!

Dolkar baut die Puppenbühne auf, der Gaukler improvisiert ein Puppenspiel zu Pemas Erzählung.

7. BILD

Wei Li's Flucht ins Gebirge und ihre reuevolle Rückkehr

PUPPENSPIEL

Schwarz ist die Nacht in Wei Li's Zelle. Reglos liegt Wei LI auf ihrer Pritsche im Drapchi-Gefängnis, ohne Schlaf, ohne Nahrung. Wieviele Tage und Nächte? Sie weiß es nicht. Kein Laut, kein Lichtstrahl dringt in die fensterlose Zelle. Stunden vergehen, tröpfeln zähflüssig an den kahlen Wänden herab - alle gleich. Da hört sie schwere Schritte vor der Tür, das Schloss wird geöffnet, ein Lichtstrahl huscht über sie hinweg. Sie kommen! Zwei Männer betreten den Raum, sehen sie an, sie rührt sich nicht. Einer packt sie am Arm, zieht sie hoch. Sie stoßen sie aus der Zelle weiter in den finsteren Gang. Kein Mond scheint in dieser Nacht. Klamme Kälte dringt durch die feuchten Mauern, hintern den Türen vernimmt sie schwach das leise Gewimmer neugeborener Kinder, das Weinen der Frauen, das Lachen der Wärter. Tiefer und tiefer steigen sie herab, über Treppen, die schmal und glitschig sind. Ein übler Geruch umhüllt sie, eklig und aufdringlich. Vollkommene Stille und Dunkelheit umgeben sie. Im untersten Gang stolpert sie über eine Bahre. Der Leichenkeller! Die Hingerichteten der letzten Tage warten auf ihren Abtransport. Ein Mann stößt sie unsanft, zwingt sie, sich niederzulegen. Ein altes Leintuch wird über sie geworfen. Der Geruch der Leichen betäubt ihr die Sinne. Sie tragen sie hinaus, auf der Bahre, eine Tote mehr, über das harte Pflaster im Hof, wieder durch Gänge. Ein Motor wird dröhnend angelassen. Ein Wagen, sie heben sie auf der Bahre in den Laderaum. Drinnen ist es stickig und wiederum Nacht, Wei Li ringt mühsam nach Luft, wagt nicht einen Laut. Am Tor stoppt der Wagen, sie warten lange. Einer spricht mit der Wache, Wei Li versteht nicht, was sie reden. Die Wache umkreist den Wagen, die Tür zum Laderaum öffnet sich, ein Strahl der Taschenlampe fährt über Wei Li's Gesicht, sie bleibt reglos. Draußen Stimmen, Hunde bellen. Dann öffnet sich plötzlich das Gefängnistor.

Eine Weile liegt Wei Li lauschend da, kann die Geräusche nicht unterscheiden. Nur den Wind, die laue Sommernacht. Auch das Rauschen von Wasser: Der Kiy Chu! Der Lhasa-Fluss! Sie fahren über eine Brücke. Dann steigt der Weg an, der Motor heult auf, die Fahrt wird langsamer. Es geht über Schotter und Geröll, die Wege sind steil, plötzlich bremst der Fahrer. Jetzt, denkt Wei Li. Jetzt kommen sie. Einer der Männer öffnet die Wagentür, nimmt ihr die Fesseln ab, den Knebel. Er hebt sie wortlos aus dem Wagen, setzt sie nieder. Der Lastwagen wendet, fährt davon.
Wei Li kauert reglos am Felsen. Der andere wendet sich ihr zu: Du bist frei, Wei Li! Sie glaubt ihm nicht, bleibt, wo sie ist. Soll er mich doch töten, denkt sie. Der Mann hilft ihr auf, stützt sie. Wir müssen fort von hier! Sie erhebt sich mühsam, taumelt, ist seit Tagen, seit Wochen nicht mehr gegangen. Er zieht sie mit festem Griff hinter sich her, wie ein Kind. Sie steigen sie weiter den Berg hinauf, verlassen die bewohnten Pfade, die Wiesen und Weiden der Bauern, höher hinauf ins Gebirge, bis die Sonne aufgeht. Wei Li sinkt hinter einem Felsvorsprung in tiefen Schlaf. Der andere bleibt und wacht.

Am Tag zu gehen ist zu gefährlich, sagt er. Da sind überall Patrouillen im Gebirge. Wei Li isst und trinkt wenig, sie hört, was der Fremde ihr zu sagen hat. Sie glaubt ihm nicht. Er sei Journalist, habe ihren Prozess verfolgt. Sein Vater sei ein chinesischer Kader, seine Mutter lebe in Amerika. Er habe sie gesehen, am Tag der Verurteilung, habe versucht zu helfen. Wei Li solle ihm vertrauen. Sie antwortet nicht, glaubt ihm, glaubt ihm nicht. Sie gehen die ganze Nacht von Sonnenuntergang bis Sonnenaufgang. Kein Mensch begegnet ihnen, nur vereinzelt Ziegen oder Schafe. Wei Li stolpert hinter dem Fremden her, verfängt sich in den Wurzeln der Sträucher, rutscht auf dem nassen Geröll, hält sich nur mit Mühe auf den Beinen. Er gibt nicht nach. Weiter oben, nahe der Schneegrenze, kennt er eine verlassene Hütte. Dort sind sie in Sicherheit.

Sie steigen und steigen. Die Felsen hängen über ihnen. Verwitterte, urzeitliche Bergdämonen. Unheimlicher aber ist die Stille – der geringste Laut lässt Wei Li erzittern. Sie werden sie suchen. Sie sind schon hier. Da sieht sie die Hütte. Nomaden haben sie verlassen. Im Sommer ziehen sie mit ihren Tieren weiter oben ins Gebirge in die einsamsten Weidegründe. Nur Yaks und Schneeleoparden gibt es dort. Wei Li sinkt völlig erschöpft in das verfaulte Stroh neben der verrußten, halb zerfallenen Feuerstelle. Er sieht sie an, sieht ihren mageren Hals, das geschorene Haar, die erloschenen Augen. Sie schläft, unruhig, wie im Fieber. Was haben sie dir getan?

Hai Mun sichert Fenster und Tür der Hütte, verscheucht eine Ratte. Dann macht er sich vorsichtig auf den Weg zum Bach, um Wasser zu holen. Jedes Geräusch macht ihn misstrauisch. Schlimmer aber ist die Stille. Als er zur Hütte zurückkehrt, sieht er von Weitem: Die Tür steht offen. Eine Falle, ein Hinterhalt! Er versteckt sich zwischen Felsen und wartet. Die Sonne ist bereits hinter dem Berg gesunken. Noch immer rührt sich nichts. Jetzt schleicht er näher heran, lauscht, hört plötzlich menschliche Stimmen, verworren, laute, fröhlich. Er lugt zwischen den Felsen hervor zum Abgrund. Da sieht er sie mit ihren Schafen, Ziegen und Pferde im tiefer gelegenen Weidegrund: Nomaden. Er stürzt zur Hütte, ruft nach Wei Li.

Eine Frau kniet neben dem Herd, bereitet Tsampa und Buttertee. Eine Nomadin mit bunten Tüchern und lächelndem Gesicht. Sie redet unablässig auf ihn ein, er versteht nichts. Dann zeigt sie zum Lager. Sie haben das Mädchen gefunden, krank; haben sie ins Zelt gebracht. Hai Mun folgt ihr zu den Zelten. Dort braten die Männer Lämmer am Spieß, trinken, lachen und tanzen bis in den Morgen. Nomaden sind frei, denkt er. Wei Li bleibt im Zelt, wird gepflegt und versorgt. Drei Tage und Nächte bleiben sie bei den freundlichen Nomaden. Chinesen? Ja, jede Menge. Suchtrupps sind ihnen begegnet, aber um die Zelte der Nomaden machen sie immer eine großen Bogen.

Noch in der Nacht brechen sie auf zum Gipfel. Bald erreichen sie die Schneegrenze. Das Wetter schlägt um, nur Regen, Sturm und Kälte. Bei Tagesanbruch entdeckt Hai Mun eine kleine Höhle, deren Eingang verdeckt ist. Riesig im Innern, tropft eiskalt das Wasser von den Felsen herab, der Eingang kaum zu finden unter dem Geröll, eine wundersame grüne Drachenhöhle. Märchen der Kindheit werden wach, Mutters Antlitz, wenn sie am Abend die Geschichten erzählte, den kleinen Bruder ängstlich in ihrem Arm, sie selbst wie gebannt mit dem Blick auf das Feuer gerichtet. Die alte Großmutter, die Hütte der Kindheit.

Langsam folgt Wei Li ihrem Begleiter, zwängt sich durch den schmalen Eingang; schweigend verzehren sie ein karges Mahl, legen sich an die Glut des Feuers zur Nacht. Hai Mun wacht an der Glut. Wei Li liegt in seinem Arm und schläft. Er träumt: Nur noch diesen Berg, dann haben wir es geschafft. Dahinter liegt die Freiheit! Morgen oder übermorgen erreichen wir die Grenze nach Bhutan. Wir werden China den Rücken kehren - für immer. Wir können nach Nepal gehen oder nach Indien, nach Europa, Amerika. Freunde finden wir überall! Ich sorge gut für dich, Wei Li. Wir werden reisen, du könntest studieren, Sprachen lernen, für jede freie Nation laufen... wir können ein neues Leben beginnen. Morgen, schon morgen!

In der Nacht ist ein Sturm aufgekommen, der Winter beginnt auf dieser Höhe früh. Ein eisiger Wind fährt durch die Höhle, Hai Mun fährt auf. Wei Li sitzt schon lange stumm am erloschen Feuer. Sie schaudert vor Kälte. Sie betrachtet den Mann, der neben ihr summend an der Feuerstelle kniet und versucht, die erloschene Glut erneut anzufachen, aber der Wind ist zu schroff, das Feuer erlischt immer wieder. Er gibt nicht auf, sucht nach einer windgeschützten Stelle in der eisigen Höhle, sie folgt ihm nicht, sieht ihn nicht an, als sie spricht. Ich kann nicht mit dir gehen. Ich kehre zurück. - Hai Mun versteht nicht. - Was willst du tun? Zurück nach Lhasa, nach China? Du kannst nicht mehr zurück! Sie suchen dich! Mein Vater, die Regierung – du, eine entflohene Dissidentin! Du bist vogelfrei! Die Belohnung ist ausgesetzt, du wirst landesweit gesucht! Verloren, du bist verloren, wenn du nicht mit mir kommst! - Sie schweigt. - Ich weiß. Doch meine Seele starb schon längst. Schon auf dem Platz, als ich den Toten begrub, der mir ein Bruder war.– Ja, du hast ihn bestattet, genug davon. Jetzt ist dein eigenes Leben dran! Soll ich dir sagen, was deine Familie für dich tun wird, wenn du zurückkehrst und sie um Unterschlupf oder Almosen bittest? Was die Nachbarn tun werden, deine Freunde, jeder ehrbare chinesische Bürger? Sie werden dich, die nach dem Gesetz verurteilte

Verbrecherin, der Öffentlichkeit preisgeben! Sie können, sie dürfen dich gar nicht laufen lassen! Ausgestoßen von Lebenden und von Toten - weder Mensch noch Gebein! – Sie wendet sich ab, rollt ihr Bündel zusammen, geht entschlossen zum Ausgang der Höhle. Er folgt ihr nach, versperrt ihr den Weg, spricht leise:

Was gut gepflanzt ist, wird nicht ausgerissen.
Was gut umfangen wird, wird nicht entgehen.
Gestaltet man danach sein Ich,
so zeigt sich seines Lebens Echtheit.
Gestaltet man danach sein Haus,
so zeigt sich seines Lebens Fülle!

Er hält ihre Hand, lässt sie nicht los. - Deinen Vater, Wei Li, wirst du im Alter nicht – wie es von einer treuen Tochter verlangt wird – pflegen und einst ehrenvoll bestatten. Dein lieber, wohlgeratener Bruder aber, das musst du wissen, der wird alles daran setzen, dich zu Gold zu machen. Man wird jedes Dorf, jede noch so kleine Hütte zerstören, in der du unterkommst. Man wird die Familien verschleppen, die dir geholfen haben, deine letzten Freunde foltern und zum Verrat zwingen. Du hast nach deinem Gesetz gehandelt, das werden sie dir niemals verzeihen. Schau mal, dort hinter der Bergkette, wo jetzt die Sonne aufgeht: Da liegt Bhutan. Wir haben es fast geschafft, wir könnten es schaffen, gemeinsam. Mit mir könntest du leben. Leben!- Wei Li hört die Worte des Freundes. Aber ihr Herz ist taub. Sie entzieht sich still seiner Umarmung, nimmt ihr kleines Bündel und beginnt den gefahrvollen Abstieg. Allein.
Das Publikum schweigt. In die Stille platzt ein Zeitungsbote der Lhasa Evening-Post

BOTE Sonderausgabe! Lhasa Evening-Post! Sonderausgabe! Wei Li auf freiem Fuß! Kung hat eine Prämie ausgesetzt! Lebendig oder tot! Sonderausgabe!

Der Bote geht von Tisch zu Tisch, die Touristen kaufen ihm eine Zeitung ab, alles belebt sich, redet durcheinander. Chime schaltet den Fernseher ein.

FERNSEH-DOKUMENTATION (BILDSCHIRM-TEXT 3)

SPRECHERIN
Soeben erreicht uns eine aktuelle Sondermeldung aus Lhasa/Autonome Region Tibet: Die 20jährige Dissidentin Wei Li aus der Provinz Sichuan, die im vergangenen Monat vom obersten Gerichtshof der Autonomen Region Tibet wegen staatsgefährdender Maßnahmen zu lebenslänglicher Haftstrafe verurteilt worden ist, ist aus dem Drapchi-Gefängnis in Lhasa geflüchtet. Aus offiziellen Kreisen wird vermutet, dass Sympathisanten unter den Gefangenenwärtern ihr die Flucht ermöglicht haben. Der Bürgermeister von Lhasa sieht die Flucht der tibetischen Olympionikin eindeutig im Zusammenhang mit den jüngsten
politischen Aktivitäten der separatistischen, anti-kommunistischen Clique des Dalai Lama. Diplomatische Gespräche mit der tibetischen Exilregierung werden daher vorerst von der Regierung abgelehnt. Die Bevölkerung ist aufgerufen, sachdienliche Hinweise, die zur Ergreifung der Dissidentin führen könnten, der Polizei zu melden. Wir schalten nun zurück zu unserem Olympia-Korrespondenten in Peking. Wenige Stunden vor der Eröffnung der XXIX. olympischen Sommerspiele herrscht Hochspannung in der Hauptstadt. Auf dem Platz des Himmlischen Friedens…

ALTER MÖNCH *erhebt sch schwerfällig*
  Selig, wes Tag sich erfüllt unwissend des Fluches!
VATER Verloren. Alles ist hin!
MANN Die Götter zürnen! Weh über uns!
NACHBARIN Ach sei doch still! Er soll endlich mein Orakel fertig
  legen!
Mung Lu zieht sich schweigend mit dem Wujing in einen Nebenraum
zurück. Die Journalisten telefonieren mit ihrer Redaktion, die tibe-
tische Familie versucht das Lokal zu verlassen, wird aber von einem
Spitzel aufgehalten. Der Gaukler hat seine Puppen gepackt und wartet
in aller Ruhe auf seine Verhaftung, Pema und Dolker stumm neben
ihm. Dui Xa tröstet den Vater, die Teestubenbesitzerin schenkt neuen
Tee ein. Chime spielt gelangweilt mit der Fernbedienung. Man hört
Stimmen von der Straße:
„Vogelfrei! Wei Li ist vogelfrei! Eine Prämie! Tot oder lebendig! Der
arme Mann! Sie werden sie finden! Einer ist immer bereit dazu! Wer
soll das sein? Was hat sie schon getan? Eine Schande! Unerhört! Un-
dankbar! Die armen Eltern! Nur gerecht! Wo kämen wir denn da hin?
Man hätte gleich die Todesstrafe! Vogelfrei!"

ALTER MÖNCH *steht frei, vom jungen Mönch gestützt:*
  Selig', wes Tag sich erfüllt unwissend des Fluches!
  Denn wes Haus ein Gott erst erschütterte,
  Unheil schwillt ihm zuhauf
  Und wächst von Geschlecht zu Geschlechte!
JUNGER MÖNCH Wie im steigenden Nordsturm
  Tiefen aufreißend die Woge sich bricht
  Und schwarzen Kies heraufwühlt,
  Und wider die Brandung die Ufer heulen.
Chime stellt das Olympia-Programm auf volle Lautstärke

FERNSEH-DOKUMENTATION (BILDSCHIRM-TEXT 4)

SPRECHERIN

Wir unterbrechen unsere Olympia-Berichterstattung für eine weitere Eilmeldung. Wie soeben aus amtlichen Quellen bestätigt wird, ist es in mehreren Provinzen der autonomen Region Tibet zu schweren Überschwemmungen gekommen. Die Anzahl der Todesopfer allein in der südchinesischen Provinz Sichuan wird auf 200 geschätzt. Mehr als 100 Menschen werden bis jetzt vermisst, mehrere Tausend Menschen sind obdachlos und auf der Flucht. Das Hochwasser hat bereits weite Teile der Provinz Sichuan überflutet, besonders stark betroffen ist der Bereich Garze. Eine sofortige Evakuation der Bevölkerung wird durch heftige Unwetter und Erdstöße erschwert. Auch ist in weiten Teilen der Autonomen Region Tibet einschließlich des Bezirks Lhasa für die kommende Nacht mit weiteren Unwettern und Überschwemmungen zu rechnen. Die Bevölkerung der Provinzen Sichuan, des autonomen Bezirks Ngawa und Qiang wird gebeten den Anweisungen der Militärpolizei Folge zu leisten. Rettungstrupps...

MANN Hab' ich es nicht gesagt? Wir sind alle verloren! Die Götter
    mögen uns beistehen!
nimmt die Glücksschärpe, bedankt sich bei den Mönchen
    Nun komm' schon!
NACHBARIN *kramt in den Körben*
    Hast du mein Geld? Gib ihm ja nicht zuviel. Alle habgierig, diese
    Mönche.
VATER Mein Haus! Mein Kind! Die Götter haben uns verlassen!
    Mung Lu! Mung Lu? Sohn?
ALTER MÖNCH Denn die ziellos schweifende Hoffnung

Trost zwar ist sie vielen, doch vielen auch
Eitler Begierden Betörung;
Und den Trug spüren sie nicht,
Bis den Fuß sich einer verbrannte.
JUNGER MÖNCH Aus weisem Mund kundgetan
Geht um ein Wort:
Als Gutes erscheine das Arge
Dem zuvor, des Trachten ein Gott lenkt in die Verfluchung;
Nur eine Spanne noch
Treibt er es frei.

Ein Unwetter kommt auf, alle verlassen aufgeregt die Teestube bis auf
den Vater, Dui Xa, die Teestubenbesitzerin, den alten und den jungen
Mönch.

Siebter Gong
Vorhang

8. BILD

Zu den Vorigen treten auf: Kung, die 4 GRAUEN, Reporterin,
Kungs Pressesprecher, Wachen, noch mehr Touristen, Kinder, das Volk
von Tibet, Tag der Eröffnung der olympischen Spiele, Barkhor-Platz vor
dem Jokhang-Tempel mit großer Zuschauertribüne für die Übertra-
gung der Spiele. Die Menge drängt sich um die Übertragungsstätte am
Tempelvorplatz; Volksfeststimmung: Maskentänze, Drachenumzüge,
überall China- und Olympia-Fahnen, rote Lampions, tibetische und
chinesische Kinder verkaufen Andenken, die Miliz ist überall präsent,
in der Menge auch Mung Lu und sein Vater, Dui Xa, die Nachbarn aus
Sichuan, die Teestubenbesitzerin, ihre Tochter, der Gaukler, die Kinder.
Kung mit zwei Beratern auf der Rednertribüne, davor die auserwählte
internationale Presse, darunter auch Meyerbeer; durch die Menge der

versammelten Journalisten drängt sich Hai Mun nach vorne. Im Vordergrund findet eine Life-Übertragung der Pressekonferenz statt.

REPORTERIN *vor laufender Kamera*
Wir befinden uns hier an diesem denkwürdigen Abend der Eröffnung der 29. Olympischen Spiele auf dem Vorplatz des Jokhang-Tempels in Lhasa/Stadt des chinesischen Autonomen Gebiet Tibet. Der Countdown, dem ganz China entgegenfiebert, wird in wenigen Minuten ablaufen. Lhasa scheint im Ausnahmezustand: Auf diesem wundervollen Platz vor dem ältesten Tempel der tibetischen Hauptstadt, der über und über mit roten Blumen und Fahnen geschmückt ist, herrscht ausgelassene Volksfeststimmung. Touristen, Einheimische, Pilger, fahrende Händler, Mönche, alles mischt sich im bunten Trubel der traditionellen Drachentänze.

Obwohl mehrere Hundertschaften Polizeikräfte in Zivil auf dem Platz postiert sind, scheint die Lage entspannt. Eine Demonstration von Mönchen des Klosters Labrang, die sich anlässlich eines 200jährigen buddhistischen Festes als Cham-Tänzer auf dem Weg nach Lhasa machen wollten, ist heute früh von den Behörden aufgelöst worden. Die Mönche sind vorerst am Verlassen des Klosters gehindert worden. Alle Klöster, die nach den März-Unruhen abgeriegelt worden sind, werden bis heute ständig von Polizeieinheiten überwacht. Nichts soll nach den Worten des regierenden Bürgermeisters Kung *den heiligen olympischen Frieden* stören. Chinas Regierung will sich auch in der durch Krisen und Naturkatastrophen erschütterten Autonomen Region Tibet anlässlich der Olympischen Spiele von seiner besten Seite zeigen. So hat der regierende Bürgermeister von Lhasa nach Vorbild seines Parteifreundes, des amtierenden Ministerpräsidenten Hu

Jintao, soeben eine erste öffentliche Pressekonferenz vor ausgewählten Journalisten aller Nationen abgehalten. Aktuell strittige Themen wie Internetzensur, Massenverhaftungen und Menschenrechtsverletzungen sowie die allgemeine Situation der Tibeter sind allerdings bisher nicht zur Sprache gekommen. Man bemüht sich allgemein um die Aufrechterhaltung einer entspannten Atmosphäre, auch im Hinblick auf vielschichtige wirtschaftliche Verbindungen nach China.

Lhasas Bürgermeister Kung äußerte sich dagegen ausführlich zu Tibets rasanter gesellschaftlicher, wirtschaftlicher und kultureller Entwicklung. [*Einblendung von Bildern der Pressekonferenz*]

Kung betonte in seiner Ansprache an die Journalisten, das chinesische Autonome Gebiet Tibet könne heute mit dem großen Mutterland Schritt halten. *Per aspera ad astra* sei es durch die Befreiung vom klerikalen Feudalismus der separatistischen Clique des amtierenden Dalai Lama in den 50iger Jahren nach einem entbehrungsreichen Prozess der Erneuerung zu einer modernen kommunistischen Gesellschaft geworden, in der heute alle Nationalitäten ihren Platz fänden. Durch den Bau von Schnellstraßen, Eisenbahnnetzen, Wasserkraftwerken stehe das Entwicklungsland Tibet derzeit an der Spitze zentralasiatischer Staaten. Der staatliche Mobilfunkanbieter sorge für eine umfassendere Netzabdeckung als in vielen Ländern des Westens.

In Lhasa selbst, welches in mehreren Stadtteilen vollständig renoviert und modernisiert worden sei, gehe Wirtschaftswachstum und Ausbreitung des Tourismus mit kultureller Entwicklung und verbesserten Zukunftschancen für jeden lernwilligen jungen Tibeter Hand in Hand. Die Regierung habe darüber hinaus für die Bauern und Nomaden erhebliche Subventionen für den Bau neuer Häuser in tiefer gelegenen Weidegebieten bewilligt. Jeder Tibeter habe heute die Chance ein gleichwertiges Mitglied der großen harmonischen Gesellschaft zu werden.

Aufs Schärfste verurteilte der Bürgermeister – wie auch die Regierung in Peking- die Politisierung der Spiele. Er verwahre sich gegen die überwiegend westliche Berichterstattung über die jüngsten Aufstände in Tibet und sehe hier wiederum den verderblichen Einfluss der Dalai-Clique bestätigt. Im Übrigen zeige gerade die jüngste Entwicklung Tibets „Großen Sprung nach Vorne".

Doch hier auf dem Platz scheint sich in diesem Augenblick eine dramatische Wendung abzuzeichnen. Die Menge ist in Unruhe geraten. Vom Barkhor her sind Sprechchöre zu hören, die zum Olympia-Boykott aufrufen und eine Amnestie aller politischen Gefangenen der März-Unruhen fordern. Polizisten in Zivil sind dabei, Dutzende der als Tänzer maskierten demonstrierenden Mönche und Nonnen zu verhaften. Auch vor dem Rednerpult des Bürgermeisters scheint ein Tumult zu entstehen…Wir halten Sie selbstverständlich über die aktuelle Entwicklung auf dem Laufenden. Ich gebe zurück zum Sender.

Hai Mun drängt sich durch die Menschenmenge nach vorne zum Rednerpult. Er steht seinem Vater Kung aufrecht gegenüber. Zwei Polizisten in Zivil wollen ihn zurückdrängen, aber Kung winkt ab. Sprechchöre im Hintergrund: „Freiheit für Wei Li! Amnestie für alle politischen Gefangenen! Boykottiert Olympia!"
PRESSESPRECHER *neigt sich zu Kung*

Doch sieh, deines Hauses Jüngster kommt,
Hai Mun, zu dir. Ob der Kummer ihn treibt
Um der Braut, um Wei Li' s nahes Geschick,
Vom Raub seiner Liebe von Sinnen.
KUNG Wir werden klar bald wie kein Seher sehen.
Vernahmst du den Entscheid und willst
Um deine Braut vor deinem Vater rasen?
Oder folgt überall uns deine Liebe?
HAI MUN Dein bin ich, Vater! Lenke meinen Willen,
Dass ich dir folgen mag zum guten Ziel!
Mir soll kein Eh'gelöbnis köstlicher
Als deine Führung sein – auf rechtem Weg.
KUNG Wohl so, mein Sohn, erfüll dich ganz damit.
Nichts geh' dir über deines Vaters Willen!
Ist darum doch des Manns Gebet, ein Heim
Voll treu ergebner Kinder sein zu nennen,
Damit sie seinem Feinde schlimm vergelten
Und seinen Freund gleichwie der Vater ehren.
Doch wem die Saat, die er gesät, missraten,
Was, meinst du, erntet anders der als Plage,
Sich selbst und seinen Feinden ein Gelächter?
Lass' drum, mein Sohn, dich keine Lust am Weibe
Verlocken, deinen Vorsatz abzuwerfen!
Bedenk, wie frostig solch ein Lieb im Arme
Dir liegt, ein böses Weib im Haus!
Denn da ich sie im Ungehorsam fand
Sie einzig von der ganzen Stadt, so soll
Mich ihretwegen die Stadt nicht Lügen strafen.
Ich richt' sie hin.
Denn: Lass' ich schon mein eigen Fleisch und Blut

Verwildern, wie nicht erst, was öffentlich?
wendet sich an die Presse, die eifrig filmt, fotografiert, mitschreibt
Nur wer da Ordnung schafft im eigenen Haus,
Der wird im Staat auch seiner Pflicht genügen!
Das dürfen Sie gerne zitieren, meine Damen und Herren!
Doch wer Gesetz zu vergewaltigen,
Der Obrigkeit zu kommandieren trachtet,
Den gut zu heißen, wird man mich nicht zwingen!
begeisterter Applaus der KUNG-Fraktion unter den Journalisten
KUNG richtet sich auf, spricht wie auf einer Wahlveranstaltung
Wen sich das Volk erkoren, dem gehorche
Durch Dick und Dünn, Gerecht und Nicht-Gerecht!
Der Übel größtes aber ist Zersetzung!
*Applaus und zustimmende Zwischenrufe der KUNG-Fraktion: „Lang
lebe der Große Vorsitzende! Nieder mit dem Dalai Lama! Es lebe die
große kommunistische Partei! Lang lebe Kung!"*
HAI MUN Die Götter, Vater, - magst du nun an sie glauben
oder nicht - pflanzen die Vernunft den Menschen ein
Als aller Gaben höchste.
Ich möchte, dass du nicht im Rechte seist,
Nicht sagen, wünschte mir' s auch nie es zu können.
Indes, es könnt' auch einem anderen glücken.
So kommt mir zu, für dich ein Aug' zu haben
Auf was gesagt, getan, gemäkelt wird.
Dein Blick erschreckt zu sehr den Mann im Volke,
als dass er spräche, was nicht dir gefiele!
Doch mir in meinem Dunkel dringt zu Ohren,
Wie sich die Stadt um dieses Mädchen härmt.
Sie, aller Frauen Unschuldigste, soll
Verderben, um den Ruhm der besten Tat?

Die ihres Bruders, des erschlagenen, Leib
Nicht als ein ausgeworfenes Aas den Hunden
Zum rohen Male noch den Vögeln ließ?
Ist sie nicht goldnen Ruhmeskranzes wert?
So geht im Dunkel flüsternd das Gerücht.
Mir aber, ist das Glück dir, Vater, hold,
Soll köstlicher der Güter keines heißen!
Gäb's denn ein Kleinod teurer einem Kinde
Als Vaters Ehr' und Kindes einem Vater?
Drum lass in dir nicht nur den einen Sinn,
Den du nur siehst, und keinen anderen gelten!
Denn, wer sich selbst allein der Weise dünkt,
An Zung' und Geist erhaben wie kein anderer,
Des Kammern sind, so du sie öffnest, leer!
Und mag auch einer weise sein, ist Lernen
Doch keine Schande, statt sich übernehmen.
Laotse sagt:
Wer andere kennt, ist klug.
Wer sich selber kennt, ist weise.
Wer andere besiegt, hat Kraft.
Wer sich selber besiegt, ist stark.
Drum, Vater, beuge dich, gib auch dem Wandel statt!
verhaltener Applaus aus den Reihen der Presse, Sprechchöre aus dem
Hintergrund: „Freiheit für Wei Li! Amnestie für alle! Lasst Wei Li frei!
Freiheit für Tibet!"
HAI MUN Staat ist nicht, was eines Einzigen ist!
KUNG So gilt nicht, wer die Macht hat, hat den Staat?
HAI MUN Alleinherrschaft ist gut Ding über Wüsten.
KUNG *zur Presse*
Er ist im Bund, erweist sich, mit dem Weibe.

HAI MUN *erregt, tritt nah ans Pult*
Bist du ein Weib, denn um dich sorg' ich mich.
KUNG Elender, und beschuldigst deinen Vater!
HAI MUN Da ich dich widers Recht so schuldigen sehe.
KUNG Mich schuldigen..?
HAI MUN Lass' gut sein, Vater. Du willst einfach nicht verstehen.
wendet sich an die Kollegen von der Presse
Was ist? Ist das hier nun eine Pressekonferenz oder nicht? Wo bleibt euer Sinn für Kritik? Euer journalistisches Interesse? Sind alle Fragen schon beantwortet oder habt ihr euch die parteipolitisch korrekten Antworten gleich in Reinschrift diktieren lassen?
tritt vor Kung
Wie, Herr Bürgermeister von Lhasa, vereinbaren Sie den viel gepriesenen Aufbruch Tibets aus seiner selbstverschuldeten Unmündigkeit in eine offene, moderne und wettbewerbsfähige Gesellschaft mit den täglich-alltäglichen Demütigungen des Volks durch seine selbsternannten Befreier? Was nützen den entrechteten und enteigneten Tibetern Schnellstraßen und Trassen, Eisenbahnlinien, Flugplätze und Fernsehstationen bis auf den höchsten Gipfel des Himalaya? Wozu bewilligt die Regierung großzügige Subventionen für die Bauern und Nomaden, wenn diese lediglich dadurch gezwungen werden, ihre bewährte und mit den natürlichen Gegebenheiten übereinstimmende Lebensweise aufzugeben? Weshalb wird in einem Land mit den Ausmaßen Mitteleuropas und einer vergleichsweise geringen Bevölkerungsdichte die Ein-Kind-Politik eines Milliardenvolkes in aller Brutalität durchgeführt? Wer seine Söhne und Töchter behalten will, die überzähligen, der zahlt entweder pro Kopf so hohe Steuern, dass eine Familie kaum den Lebensunterhalt aufbringen kann, oder er schickt seine jüngsten Kinder in die Fremde, ohne zu wissen, was

aus ihnen wird. Eine Zukunft in Tibet heißt - China!

Was nützt dem Land ein Bildungssystem für die breite Masse, wenn die breite Masse kein Chinesisch versteht und den Kindern die Landessprache mit harten Worten und Schlägen aus ihnen herausgeprügelt wird? Wie kann von Bewahrung der traditionellen tibetischen Kultur, von Religionsfreiheit und respektvollem Umgang mit anderen Nationalitäten die Rede sein, wenn in jedem Kloster (so viele davon der rote Sturm der Kulturrevolution übrig gelassen hat) mehr Spitzel als Mönche die Gebetsmühlen drehen?

Zap zap je –Angst herrscht in Lhasa, Vater, Angst im ganzen Land! An jeder Ecke Polizisten, Soldaten mit gezückten Gewehren, Panzerkontrollen am hellichten Tage mitten durch Lhasas frisch renovierte gute Stube! Dazu der alles übergreifende Krake der Internetzensur! Mein lieben Kollegen, wann wacht ihr endlich auf? Was hat sich die freie Presse weltweit auf die Hinterbeine gestellt! Internationale Proteste, Boykottaufrufe, Demonstrationszüge, Blogs: Nichts zu machen. Peking bleibt hart. Vom Handy-Gebrauch ist nebenbei bemerkt auch eher abzuraten, so hervorragend der Empfang hier auch sein mag. Der große rote Drache sieht, hört, weiß alles und nimmt übel!

Menschenrechte – Das heißt politisch korrekt: Ein nationales Problem, bei dem man sich die Einmischung von außen tunlichst verbittet! *„Rein von Mord, still von Waffengeklirr"* – olympischer Frieden auf Erden und den Menschen… Das kannst du doch total vergessen! In China - kennt man keine Menschenrechte!

KUNG O der Verworfenheit in Weibesfron!

HAI MUN In Fron doch, wirst du sagen, keiner Schande!
KUNG Dein ganzes Reden dreht sich nur um sie!
HAI MUN Und dich und mich.
KUNG Weibshöriger, woll' mich nicht noch beschwatzen!
HAI MUN Wer reden will, hat auch ein Teil zu hören!
KUNG Bei meinem Alter sollen wir Vernunft
    Auch noch von einem seines Alters hören?
HAI MUN Nicht, was nicht billig ist. Bin ich auch jung,
    Wiegt doch das Alter mehr nicht als die Sache.
KUNG Und Sache heißt: Empörern huldigen?
HAI MUN Im Träume möchte' ich nicht Verräter ehren.
KUNG Ward denn nicht sie von solcher Sucht befallen?
HAI MUN Das leugnet einig Lhasas ganzes Volk.
KUNG *Uns* schriebe vor das Volk, was wir befehlen?
HAI MUN Sieh, eben sprachst du selbst wie allzu jung.
KUNG Als Obrigkeit bin ich nicht Herr im Haus?
HAI MUN Ich sag' s nochmal: Staat ist nicht…
KUNG …was eines einzigen.
    Wohl so, mein Sohn – hier erkennst du die Größe und das
    Wohlwollen, die kluge Vorausschau der ruhmreichen
    kommunistischen Partei, die das Glück der Vielen im Auge
    behält, nicht das des Einen!
HAI MUN Und blind ist für ihren eignen Schatten. *zum Publikum*
    Der Himmel ist blau, die Erde grün, und über Lhasas ältestem
    Heiligtum weht Chinas rotes Banner zu Ehren der Eröffnung der
    glorreichen olympischen Spiele, der chinesischen. Aber wo blei-
    ben die Menschen, Vater?
    Gibt es überhaupt noch freie Plätze in deinen unzähligen schwar-
    zen oder öffentlichen Gefängnissen? Jeder, der nicht ins harmoni-
    sche Gesamtbild passt, wird eben passend gemacht oder notfalls

beseitigt, ausgelöscht. Unschuldig schuldig, wie Wei Li. Sie hat das genau erkannt, erinnere dich:

> Doch zählt auch das zu der Tyrannis Gnaden:
> Frei darf sie tun und lassen, was sie will!

Wohin also mit dem Pack auf den Straßen, den Obdachlosen, Pilgern, Bettlern, Mönchen, Gauklern, den Widerständigen, Aufmüpfigen, den Mutigen, den Hoffnungslosen? Ab ins Umerziehungslager? Bedaure: Alle überfüllt. Jetzt, wo jeder Polizist ohne richterlichen Beschluss zum Wohl des Staates verhaften, verurteilen, foltern und notfalls sogar erschießen darf! Nebenan gibt es dafür folkloristische Tänze und Eis am Stiel für die Touristen. Und Tibet boomt! Ja, Tibet ist im Kommen, Leute! Ich bitte euch: Was zählt da – ein Mensch?

Zwei Wachen wollen Hai Mun in Schutzhaft nehmen, aber Kung winkt ab.

CHOR DER PRESSELEUTE *chorisch wechselnd*
Hai Mun hat Recht. Er hat verdammt Recht! - Der redet sich doch um Kopf und Kragen! - Staatsverräter! Landesverräter! Ins Lager mit ihm! - Das ist wieder typisch Hai Mun! Immer ´ne volle Lippe! Und nachher war's wieder nichts! - Wenigstens zeigt er Mut! Er sagt die Wahrheit! Wer traut sich noch? - Ich denke, es geht hier um die Spiele? Wo bleibt Wei Li? Wo bleibt die Pointe? - Nieder mit dem Separatisten! Die volle Härte des Gesetzes, Kung! - Das ist doch sein Sohn! - Mein Gott, was für ein Drama! - Was für ein Aufmacher! - Was jetzt? Wird der Alte einlenken?

KUNG So höre, mein Sohn.

HAI MUN Ich bin noch nicht fertig, Vater.

Hai Mun wird auf Kungs Wink von Wachen umstellt.

KUNG Die Verräterin, um die du bangst, die du mit deiner toll -
kühnen Rede zuretten hoffst, soll - tot oder lebendig - ergriffen
und ihrer gerechten, durch Urteil des obersten Gerichts verhäng-
ten Strafe unverzüglich zugeführt werden. Die Bekanntmachun-
gen für ihre öffentliche Hinrichtung werden zur Stunde in allen
Stadtteilen Lhasas und in den umliegenden Städten und Dörfern
verteilt. Die Teilnahme an der Denunziationszeremonie ist für
alle Bürgerinnen und Bürger verpflichtend und ein Lehrstück
wahrer Gerechtigkeit.

*Kung wendet sich zum Gehen; starker Applaus der KUNG-Fraktion,
die Wachen ergreifen Hai Mun*

HAI MUN So wird sie sterbend einen nach sich ziehen.

*Blitzlichtgewitter. Standing ovations und Buh-Rufe der Journalisten;
Zwischenrufe aus dem Publikum: „Freiheit für Tibet! Freiheit für Wei
Li! Boykottiert Olympia!" Hai Mun wird in Handschellen abgeführt.*

PRESSESPRECHER *erhebt sich*

Die Pressekonferenz ist beendet. Der Bürgermeister von Lhasa
bedankt sich im Namen der Stadt und des Autonomen Gebiets
Tibet für Ihr Interesse. Er lädt Sie ein, am heutigen Abend gemeinsam mit ihm die Eröffnung der olympischen Spiele bei einem kleinen Empfang festlich zu begehen. Wir bitten um Ihr
Verständnis, dass keine weiteren Aufzeichnungen mehr gemacht
werden dürfen. Vielen Dank.

verbeugt sich

Achter Gong

*Die von Kungs Wachen umstellten Journalisten erheben sich; alles
drängt zum Aufbruch. Die Menge fährt in dem turbulenten Treiben*

fort, die Kinder spielen mit den Puppen die Szene mit dem Drachen nach. Die Touristen und Journalisten verfolgen gebannt die Olympia-Anzeigetafel; Sprechchöre, die den Countdown mitzählen Die Anzahl der bewaffneten und an ihrer gleichförmig ausdruckslosen Maskierung erkennbaren Polizisten wächst stetig an, Ströme von Pilgern und Neugierigen betreten den Tempel; eine Gruppe Cham-Tänzer posiert für die Touristen und Presseleute. Vom Tempel nähert sich mühsam der blinde alte Mönch mit seinem jungen Begleiter Kung, der die Rednertribüne verlassen will.

9. BILD
Die Vorigen, Stimmen des Volks

ALTER MÖNCH
  Selig!
  Selig!
  Selig, wes Tag sich erfüllt unwissend des Fluches!
KUNG Keine Zeit für Orakelsprüche, Alter. Komm' ein ander Mal.
will ab
ALTER MÖNCH Selig, wes Tag sich erfüllt, unwissend des Fluches! Denn, wes Haus ein Gott erst erschütterte,
JUNGER MÖNCH Unheil schwillt ihm zuhauf
  Und wächst von Geschlecht zu Geschlechte.
KUNG Was folgt? Ich muss zum Empfang, fass dich kurz, wenn du mir Wichtiges zu sagen hast oder schleich dich!
ALTER MÖNCH Auf Messers Schneide, wisse, stehst du wieder!
KUNG Was heißt das? Willst du mir drohen?
ALTER MÖNCH Vernimm's denn aus den Zeichen meiner Kunst!
  Als auf den alten Sehersitz ich saß,
  Wo allen Vogelfluges Hafen ist,

Vernahm ich fremden Laut,
Die Vögel krächzten
Irr aufgestört ein böses Kauderwelsch.
Nichtigen Opfers zeichenloser Sinn-
Befrag den Knaben hier, wenn du mir nicht glaubst!
Die Blumenspenden waren, kaum gepflückt, am Altar verdorrt,
Die frisch entzündeten Butterlampen schwelten rußig
Erloschen das Feuer der Erleuchtung!
Denn die Altäre rings, die Herde all
Sind voll von dem, was Hund und Vogel frisst.
Seit nehmen weder Opferruf die Götter
Von uns mehr an,
Noch tönt Verheißung von einem Vogel,
Der sich an Menschenmordes Kost erletzt!
Versteh' mich recht: Für mich ist schon der Ragyapas bestellt, und
kommt meine Zeit, dann soll nach der Götter Wille mein Körper
zum Mahl der heiligen Vögel werden, auf dass meine unsterbliche
Seele den Weg ins Bardo finde. Doch nicht als Strafe gilt die Him-
melsbestattung den Gläubigen, sondern als große Ehre.
Du aber verletzt mit deinem Gebot auch unausgesprochen gülti-
ges Recht, göttliches wie menschliches.
KUNG *sich abwendend*
Zuviel der Ehre für einen Hund von einem Mönch. Spar dir deine
Worte, mich ruft mein Amt.
will erneut ab
ALTER MÖNCH Des hab' ein Einsehen, o mein Sohn!
Der Menschen allsamt gemeines Erbteil ist Verirrung!
Doch irrt er auch, kann's dem doch nicht am Rate
Noch am Gedeihen fehlen, der sein Übel
Zum Bessern wenden, der sich wandeln kann.

Der Torheit schuldig spricht sich Eigensinn!
baut sich vor Kung auf
Lass' ab vom Toten! Falle den Gefallenen nicht an!
Das riet ich dir schon damals, im Frühjahr, als du mit Panzern und schwerem Geschütz friedlichen Demonstrationen ein Ende setztest, als du durch deinen Befehl die Stadt, die den olympischen Frieden feiern wollte, mit unduldsamer Härte in ein grausiges Schlachtfeld verwandeltest. Seither geht Angst um in Lhasa! Hör' auf deinen Sohn!
KUNG Welchen Sohn?
JUNGER MÖNCH *springt auf*
Selig, wes Tag sich erfüllt unwissend des Fluches!
ALTER MÖNCH Den du noch am heutigen Tag verlieren wirst...
JUNGER MÖNCH *zunehmend erregt*
Denn, wes Haus ein Gott erst erschütterte:
ALTER MÖNCH Den einen Sohn, auf den du lange hofftest und betetest.
JUNGER MÖNCH Unheil schwillt ihm zuhauf!
Und wächst von Geschlecht zu Geschlechte!
ALTER MÖNCH Um den du Jahr für Jahr zum Tempel kamst zu Ching Ming, zu Losar, verstohlen, nachts, ängstlich besorgt, dass jemand dich erkannte. Es sollte ein Sohn sein, nur ein einziger. Ein Sohn!
KUNG Was wühlst du in der Vergangenheit, Mönch.
Hast du mit deinem Augenlicht noch nicht genug deiner Sinne eingebüßt?
JUNGER MÖNCH *nähert sich den Olympia-Fackeln*
Denn die ziellos schweifende Hoffnung
Trost zwar ist sie vielen, doch vielen auch
Eitler Begierden Betörung;

Und den Trug spüren sie nicht,
Bis den Fuß sich einer verbrannte.
ALTER MÖNCH Den Sohn wirst du verlieren, wenn du nicht
einlenkst. Du zweifelst an meinem Wort? Willst den Verräter stra-
fen – aber nicht allzu hart? Willst ihn väterlich ermahnen, etwas
zügeln die allzu hitzige Jugend? Vielleicht nach Peking schicken,
zur Kaderschulung, wo man ihn, den Prinzling, mit Strenge und
Güte auf den rechten Weg führen wird?
Du irrst.
JUNGER MÖNCH *sich an einen der schweren Kandelaber fesselnd,
diesen entzündend*
Doch übers Jetzt und Dereinst und vor Zeiten
Reicht das Gesetz: Bis ans Ende entreißt sich
Sterbliche Macht doch nicht der Verfluchung.
Die Wachen ergreifend den Mönch, der sich selbst in Brand setzen will.
PRESSESPRECHER Dein Knabe, scheint mir, spricht im Fieber.
Er brennt zu sehr.
ALTER MÖNCH Tu ihm nichts. Sein Geist nur ist eine leuchten-
de Fackel.
PRESSESPRECHER Die sich zu leicht nur selbst entzünden und
großen Schaden anrichten kann.
gibt den Wachen ein Zeichen beide abzuführen
KUNG *verärgert*
Leeres Drohen! Orakel-Geschwätz! Hai Mun geht nach Peking
und alles wird gut. Woher willst du wissen...?
ALTER MÖNCH Gib nach, besinn' dich: Noch nie hat dich mein
Rat getäuscht. Noch ist Zeit! Hol ihn zurück!
tritt nahe an Kung heran, flüsternd
Wer nach dem Sinn dem Menschenherrscher hilft,
zwingt nicht mit Waffen die Welt.

Seine Art ist es, den Rückzug zu lieben.

Wo Kämpfer geweilt, wachsen Disteln und Dornen.

Hinter den großen Heeren kommt sicher böse Zeit.

Der Tüchtige will Entscheidung und nichts mehr!

KUNG Genug der Weisheitslehren. Meine Entscheidung ist gefallen.

Der Pressesprecher hält Kungs Parteiuniform und den Ansprachetext bereit. Kung zieht sich um. Die Rednertribüne vor dem Tempel wird in eine Siegertreppe umgewandelt, fünf schwere, vergoldete Opferschalen werden entzündet, die Ehrengäste und die ausgewählte Presse nimmt Platz, das Volk scharrt sich neugierig um den freien Platz, überall sichtbar Polizisten und Miliz

Eine Tänzergruppe führt traditionelle tibetische Tänze auf, die Drachentänzer und Maskentänzer bevölkern die Szene; auf der Anzeigetafel läuft der Countdown für die Eröffnungsfeier. Fernsehteams begleiten kommentierend das Geschehen.

PRESSESPRECHER Bist du bereit? Die Presse wartet. Der Countdown läuft in einer halben Stunde ab.

mit abschätzigem Blick

Soll ich die Herrschaften hinausbegleiten?

nickt den Leibwächtern zu, die die Mönche festnehmen

ALTER MÖNCH Treib' mich nicht noch, Verschwiegenes zu enthüllen.

KUNG *während er den Redetext memoriert*

Enthüll's getrost —es sei denn, um Gewinn.

PRESSESPRECHER Giert doch der Mönche ganze Zunft nach Gold!

ALTER MÖNCH Wie die der Herrscher nach gemeinem Raub!

PRESSESPRECHER Weißt du, mit wem du sprichst?

macht erneut ein Zeichen, die Mönche zu entfernen

KUNG *winkt ab* Wir haben Gäste.
zum Mönch
Die Audienz ist vorbei.
klatscht in die Hände, die Leibwächter ergreifen die Mönche
Du gehst, wie du gekommen und es wird dir
kein Haar gekrümmt. Doch jetzt entschuldige mich bitte.
Kung wendet sich der Presse und den Ehrengästen zu.
ALTER MÖNCH Dann sollst du wissen: Eh' der Sonnen Achsen
Auf ihrer Bahn um weniges sich drehen,
Wirst du mit einem deines Eingeweides
Dem Toten gleiches büßen, Tod um Tod!
Weil du was oben ist ins Untere kehrst,
Leben entwürdigend ins Grab verbannst,
Was unterer Götter ist, im Obern hältst,
Entweiht, entheiligt ohne Grab den Toten,
Der deines Reiches nicht ist, noch der Götter
Von oben; nur du tust ihnen Gewalt!
Drum sind auf deiner Spur die Schadenfrohen!

Und sieh, ob dies mein Wort bestochen sei:
Klar machen wird's – nicht über lang- der Männer
Und Weiber Weheruf vor deinem Haus.
KUNG Genug. Hinfort mit ihm!
ALTER MÖNCH Hai Mun hat China verlassen. Du wirst deinen
Sohn nicht wiedersehen.
Die Wächter nehmen die Mönche fest.
Vom Tempelvorplatz werden die Sprechchöre lauter, die den Olympia-
Countdown mitzählen, die Tänzer wirbeln mit Trommeln und Flöten
durch die Reihen der Gäste.
Kung betritt die Siegertribüne.

STIMMEN zehn-neun-acht

ALTER MÖNCH *im Abgang*

  Zerfleischen aber muss sich jede Stadt,
  Wo letzten Dienst an Leichenfetzen Raubtier
  Und Hund versieht und Vogel, die Altäre
  Verpestend mit entweihendem Geruch.

STIMMEN sieben-sechs-fünf

ALTER MÖNCH

  Gib den Tibetern ihre Würde und ihre Freiheit wieder!
  Öffne Tibets Gefängnisse, das lebende Gefängnis Tibet!

STIMMEN vier-drei-zwei

ALTER MÖNCH Gib den Familien der Ermordeten ihre Angehörigen zurück!

STIMMEN eins!

ALTER MÖNCH Lass sie sie würdig nach ihrer Art bestatten!

  Gib Lhasa, gibt Tibet endlich Frieden! Gib...

STIMMEN Olympia!

Neunter Gong

Die letzten Worte gehen im Jubelgeschrei der Menge unter. Mönche und Wächter ab, Polonaise der Drachentänzer, Maskenträger, Kinder, Gaukler, Presseleute; Luftballons, Feuerwerk. Der Olympia-Song ertönt: „We are ready"

10. BILD

Der Chor der Tibeter (Nonnen, Mönche, Frauen, Männer, Kinder von Tibet) nimmt auf dem Tempelvorplatz zur Eröffnungsfeier Aufstellung; während das Publikum gespannt die Übertragung der Eröffnungszeremonie in Peking verfolgt, betritt Wei Li als Pilgerin gekleidet den Tempelvorplatz. Sie kniet an der Stelle nieder, an der

Lobsang erschossen wurde, legt eine Blume nieder, verharrt in der Stellung. Ehe die Wachen sie ergreifen können, fällt ein Schuss.
Wei Li sinkt in sich zusammen. Aus der Menge treten der Vater, Dui Xa, die Nachbarn, Meyerbeer, die Teestubenbesitzerin und andere Neugierige hinzu. Mung Lu flüchtet. [Standbild]

Olympischer Exodos
parallel dazu BILDSCHIRM-DOKUMENTATION der tibetischen Geschichte

MÖNCHE Licht, o schönes über alle,
   du, des siebentorigen Lhasa
   ehe aufgegangenen Sonnen
   schlugst dich auf doch
   goldenen Tages Auge
   über Kiy Chus Quell
VOLK Da wider die Heimat
   spaltender Hader zu
   ziehen hetzte die
   Haderreichen
FRAUEN Gellen Schrei's hin flog es
   Wie Adler über das Land!
MÄNNER Wie Schnee der Fittiche deckender Schild
   Mit Panzern viel
   Und mähnegeziertem Gehelme.
MÖNCHE Stand schon kreisend über den Dächern
   Gierte mit der Spieße Mordlust
   Um den siebentorigen Schlund:
MÄNNER Floh doch, eh' noch unseres Blutes
   Seine Backen sich gemästet.

FRAUEN Schlimm empfing ihn der tibetische Drache!

NONNEN Denn den Göttern von ganzem Herzen verhasst
  Ist großer Mäuler Getön.

MÖNCHE Und da sie heran
  Sich wälzen sie sahen wie brandende See,
  In klirrendem Goldes Übermut,
  Da schleuderte ihr Strahl in den Abgrund sie,

MÄNNER Die auf Zinnen schon
  Den Sieg anhoben zu bejubeln!

MÖNCHE Doch: Anders kam's als gedacht:
  Wendisch entschied der Bedränger, der
  Große, der Helfer den Feinden zum Sieg!

FRAUEN Kein Stein bleibt auf Stein!

NONNEN Zerrissen die Fahnen Tibets!

MÖNCHE Zerstört die Tempel!

ALLE Das Orakel schweigt!

Die vier GRAUEN treten zu Kung, der in der Maske des erfolgreichen Kaders die Ereignisse mitverfolgt, in Trikotfarben der Olympia-Mannschaften ihrer Länder auf die Siegestribüne. Sie verkörpern Chinas mächtigste Handelspartner. Nonnen tragen während des Abgesangs Wei Li's Leichnam auf einer Bahre von der Bühne.

ALLE TIBETER Licht, o schönes über alle
  Du des siebentorigen Lhasa
  Ehe aufgegangenen Sonnen
  Schlugst dich auf doch
  Goldenen Tages Auge
  Über Kyi Chus Quell.

Zehnter Gong
Vorhang

BILDSCHIRM-TEXT (5)

Letztes Testament des XIII. Dalai Lama, 1932:

Es wird nicht lange dauern, bis die rote Flut gegen unsere Tore brandet. Es ist nur eine Frage der Zeit… und wenn es soweit ist, müssen wir bereit und in der Lage sein, uns zu verteidigen. Sonst wird unsere spirituelle und kulturelle Identität der völligen Vernichtung anheim fallen. […] Die Klöster werden geplündert und zerstört werden und die Mönche und Nonnen getötet oder verjagt. Die großen Werke der edlen Dharma-Könige aus alter Zeit werden zugrunde gerichtet werden und alle unsere kulturellen und spirituellen Einrichtungen verfolgt, vernichtet und vergessen… unsere Eroberer werden uns wie
Sklaven behandeln…und die Tage und Nächte werden langsam und mit großem Leiden und Schrecken vergehen.

Deshalb sollten wir jetzt, da wir die Stärke von Frieden und Glück besitzen, während wir noch über die Macht verfügen, etwas an der Situation zu ändern, alle Anstrengungen unternehmen, uns vor dem drohenden Unheil zu schützen. Verwendet friedliche Mittel, wo sie angemessen sind, aber wo sie nicht angemessen sind, zögert nicht, zu stärkeren Mitteln zu greifen.

Nachwort

Eine Fackel für Tibet

Doch jetzt treibt aus der geregelten Bahn,
Was hier zu schauen auch mich, und zu halten
Vermag ich den Strom der Tränen nicht mehr;
Zu Kammer und Bett, das allen bereit,
Antigone ziehet des Weges.
Sophokles, Antigone, vv. 801-805

TIBET BRENNT!

Tsering Woeser[1] berichtet in ihrem Essay vom November 2011 unter dem Titel „Tibet brennt" über das erste Selbstverbrennungsopfer in Tibet: *Am 27. Februar 2009 starb der 24-jährige Mönch Tapey vom Kloster Kirti in Ngaba, Amdo, als Folge seiner Brandverletzungen. [...] Er hielt die Schneelöwenflagge und ein Bild seiner Heiligkeit in die Höhe, zündete seine benzingetränkte Robe an und rannte als brennende Fackel auf die Straße hinaus, um gegen die Finsternis zu protestieren, die Tibet eingehüllt hat.*

Seitdem hat sich die Anzahl der Selbstverbrennungen innerhalb und außerhalb Tibets auf 120 und mehr erhöht. Novizen, Schülerinnen und Schüler, Nonnen, Mönche, Mütter und Väter - die meisten zwischen 16 und 40 Jahren - haben auf diese Weise ihrem Leben ein Ende gesetzt.

Welch tiefes Mitempfinden eine solche Tat auslöst, zeigt das Beispiel des 18-jährigen MönchesKalsang Jinpa[2], der sich am 27. Mai

---

1 *Tibet brennt,* ein Essay von Tsering Woeser (tibetnews de/2011/11/09/tibet-brennt-von-tseringwoeser)

2 DIE ZEIT: *Brennende Verzweiflung,* Dossier vom 17.06.2013

2013 in Rebkong, Provinz Qinghai vor der Tarastatue, der tibetischen Göttin des Mitleids, verbrannt hat. Am Abend nach seinem Tod versammelten sich entgegen den Anweisungen der Regierung 5000 Menschen oberhalb des Klosters. Die Sicherheitskräfte, die sonst mit aller Härte gegen die Selbstverbrennungen vorgehen, wagten es nicht einzuschreiten. Obwohl es offiziell verboten war, am Begräbnis eines Selbstverbrennungsopfers teilzunehmen oder die Gebete und Bestattungsrituale zu vollziehen, wurde Kalsang Jinpa von den Mönchen seines Klosters an diesem Ort bestattet.

Der Dalai Lama, der von der chinesischen Propaganda beschuldigt wird, aus separatistischen Gründen Urheber einer Selbstmord-Welle unter den jungen Tibetern zu sein, hat sich trotz aller Hochachtung gegenüber den Motiven der Opfer und der Trauer der Angehörigen nachdrücklich gegen das Mittel der Selbstverbrennung als Zeichen politischen Protestes ausgesprochen. Er appelliert auch angesichts wachsender Hoffnungslosigkeit der jungen Generation an den von ihm seit sechs Jahrzehnten praktizierten Weg der Gewaltlosigkeit und des friedlichen Dialogs. Dennoch erkennt Seine Heiligkeit auch unter den Tibetern „Zeichen sittlichen Verfalls". *Auf den jungen Tibetern lastet zuviel Druck, zuviel Feindseligkeit. Deshalb opfern einige von ihnen ihr Leben. Aber junge Leute, die eine solche Entschlossenheit zeigen, können leicht Schaden anrichten und Gewalt auslösen.*[3]

Franz Binder[4] fasst in seiner Monographie die Situation in Tibet nach 1959 wie folgt zusammen: *Tibet war nie ein friedliches „Shangrila" gewesen. Blutige Auseinandersetzungen und ein drücken-*

---

3 DIE ZEIT: *Brennende Verzweiflung*, Dossier vom 17.06.2013
4 Franz Binder: *Dalai Lama*, dtv portrait, 2. Aufl. München 2007, S. 130 f.

*des Feudalsystem hatten seine Geschichte geprägt, das Tibet nach 1959
aber wurde für seine Bewohner über Jahrzehnte zur Hölle auf Erden.
[...] Tausende Tibeter verschwanden in Gefängnissen und Arbeitslagern, die eher Vernichtungslagern glichen, wurden gefoltert, hingerichtet, verhungerten. Mönche und Nonnen wurden zur Aufgabe ihrer Gelübde genötigt, zu öffentlichem Geschlechtsverkehr gezwungen,
gefoltert, vergewaltigt, bestialisch ermordet. Tibetische Frauen mussten
sich zwangsweisen Abtreibungen und Sterilisationen unterziehen, Kinder wurden den Eltern weggenommen, um im „neuen China" erzo-
gen zu werden. Der Genozid auf dem Dach der Welt gehört zu den
schlimmsten Verbrechen, die das 20. Jahrhundert gesehen hat.*

2009, mit dem 4. Regierungswechsel der chinesischen Führung
seit der Besetzung Tibets, wuchs in Tibet zunächst die Hoffnung
auf politischen Wandel. Das Gegenteil war der Fall: Mit den ersten Selbstverbrennungen tibetischer Mönche im Kloster Kirti/
Amdo setzte eine neue Welle der Gewalt und staatlich-militärischer
Repression in Tibet ein. Opfer von Selbstverbrennungen wurden
mit Schlagstöcken traktiert, Mönche oder Angehörige als „Anstif-
ter oder Unterstützer" verhaftet, per Schnelljustiz zu drakonischen
Haftstrafen, sogar „als Mörder" zum Tode verurteilt, wie im Fall des
40-jährigen Mönches Lorang Konchok[5] aus dem Kloster Kirti in
Aba, Provinz Sichuan. Bei Demonstrationen in Lhasa wurden bis
zu 40 Mönche erschossen, unzählige verhaftet, die Klöster abgeriegelt, das Internet und der Mobilfunk kontrolliert oder gesperrt.

Ausländischen Korrespondenten wurde seit 2009 die Einreise nach
Lhasa verweigert. Daher basieren alle Berichte über Selbstverbren-

---

5 DIE WELT: *Tibets Funktionäre ätzen gegen „Dalai-Lama-Clique",*
27.05.2013

nungen auf offiziellen chinesischen oder exiltibetischen Quellen. Peking hat bisher keinerlei unabhängiger Untersuchung der Selbstverbrennungen zugestimmt. Die staatliche Propaganda macht einseitig den Dalai Lama für die Selbstverbrennungen verantwortlich. Die Situation in Tibet hat sich seit den Aufständen im März 2008 drastisch verschlechtert. Zudem ist die neue Generation nicht mehr bereit, kompromisslos dem „mittleren Weg" des Dalai Lama zu folgen. Dies alles lässt eine weitere Eskalation der Gewalt in Tibet befürchten.

Der Dalai Lama reagierte bereits im April 2008 in seiner „Botschaft an alle Tibeter"[6] äußerst besorgt:

Seit dem 10. März dieses Jahres sind wir Zeuge von Protesten und Demonstrationen in fast allen Teilen Tibets geworden. [...] all das ist der Ausbruch der seit langem angestauten äußeren und

inneren Qualen der Tibeter und ihres Gefühls tiefer Verbitterung aufgrund der Unterdrückung der Rechte des tibetischen Volks, dem Mangel an religiöser Freiheit und des Versuchs, die Wahrheit bei jeder nur möglichen Gelegenheit zu entstellen. [...] Ich bin tief betrübt und besorgt über den Einsatz von Waffen und Gewalt bei der Unterdrückung der friedlich vorgebrachten Sehnsüchte des tibetischen Volkes, die Unruhen in ganz Tibet zur Folge hatten mit zahlreichen Toten, vielen weiteren Opfern, Festnahmen und Verletzungen. Doch auch angesichts dieses großen Unglücks und offenkundigen Unrechts gegenüber der tibetischen Bevölkerung bittet er abschließend eindringlich alle Tibeter *Gewaltlosigkeit zu üben und auf keinen Fall von diesem Weg abzuweichen, wie ernst die Lage auch sein möge.*

---

6 Dalai Lama: *Freiheit für Tibet. Botschaft für Menschlichkeit und Toleranz,* Heinrich Hugendubel Verlag München 2008, S. 7 ff

Kein Frieden auf dem Dach der Welt!

Schau hin! Es birgt sich nicht im Dunkeln mehr!
Sophokles, Antigone, v. 1291

Am 10. März 2008, dem 49. Jahrestag des tibetischen Volksaufstandes von 1959[7], kam es im Vorfeld der an China vergebenen
XXIX. Olympischen Spiele 2008 zu friedlichen Demonstrationen
einiger hundert Mönche aus den Klöstern Drepung und Sera in
Lhasa. Die gewaltfreien Proteste für Menschenrechte, Religionsfreiheit, Rückkehr des Dalai Lama und Unabhängigkeit Tibets wurden
von den chinesischen Sicherheitskräften unter Einsatz von Tränengas und militärischer Gewalt unterdrückt. Bilder von wütenden,
Parolen schreienden jungen Mönchen, Bilder umgestürzter und in
Brand gesetzter Fahrzeuge, von Polizisten und Soldaten, die Unbe-
waffnete niederknüppeln, von Panzern gegen Zivilisten lösten weltweit Entsetzen und Protestaktionen aus. Es waren die schwersten
Unruhen auf dem Dach der Welt seit 1989, in deren Folge über
200 Tibeterinnen und Tibeter getötet, tausende verhaftet, gefoltert,
und zu jahrelangen Haftstrafen verurteilt wurden. Tsering Woeser[8]
beschreibt in ihrer aus Augenzeugenberichten zusammengestellten
„Chronologie der Ereignisse 2008 in Tibet" detailliert den Verlauf
des Aufstandes, der sich von Lhasa und der Autonomen Region Tibet auf die Provinzen Sichuan, Gansu und Qinghai ausgeweitet hat:

---

[7] Zur tibetischen Geschichte unter chinesischer Besetzung seit 1950 und
zur wechselvollen Geschichte des Widerstandes gegen die Terrorherrschaft
in Tibet vergleiche besonders *Tibet. Die Geschichte eines Landes. Der Dalai
Lama im Gespräch mit Thomas Laird,* hrsg v. Thomas Laird, S. Fischer Verlag, Frankfurt am Main 2008
[8] Tsering Woeser: *Ihr habt die Gewehre, ich einen Stift. Eine Chronologie der
Ereignisse 2008 in Tibet,* Lungta Verlag Berlin 2009

Am Vormittag des 14. März demonstrierten beinahe hunderte Mönche des Ramoche-Tempels und des benachbarten Amitayus-Tempels wegen der seit Tagen andauernden Repressionen gegen die Klöster Drepung, Ganden und Sera. In ihrem Zorn stürzten sie einige außerhalb des Klosters abgestellte Polizeiwagen um. Patrouillierende Polizisten hielten sie auf und schlugen auf sie ein, woraufhin tibetische Laien in Wut gerieten. Die Situation eskalierte, und innerhalb kürzester Zeit entwickelte sich ein gewaltiger Protest mit Tausenden von Demonstranten. Im Rahmen des Protestes kam es zu gewaltsamen Ausschreitungen, wobei Geschäfte von Chinesen und Angehörigen der Hui-Nationalität zerstört, Fahrzeuge und Gegenstände verbrannt und Chinesen sowie Hui geschlagen wurden. Von den Übergriffen war hauptsächlich das Gebiet außerhalb des Potala-Palastes betroffen. Die örtlichen Behörden, Militär und Polizei schritten nicht ein. Gerüchten zufolge waren Polizisten in Zivilkleidung unter den Randalierern. Um die Proteste niederzuschlagen, kamen immer mehr Truppen in die Stadt. [...] Lhasa war plötzlich voller Militärfahrzeuge und gepanzerter Fahrzeuge. Es wurde Tränengas eingesetzt und geschossen. [...] Augenzeugen, die flüchten konnten, berichteten, dass in den Gebieten der Altstadt wie Luge, am Ramoche-Tempel und am Barkhor ausnahmslos auf tibetische Demonstranten und tibetische Passanten geschossen worden sei. Dabei sollen mindestens hundert Menschen ums Leben gekommen sein.[9]

Weltweit lösten die Berichte über die Vorfälle in Tibet Bestürzung und Forderungen nach einer unabhängigen Untersuchung aus. Diese wurde von der chinesischen Regierung strikt abgelehnt und der Aufruhr als gezielte Intrige des Dalai Lama und seiner „Clique" dargestellt. Internationale Aufrufe zum Olympia-Boykott, Protestaktionen und Demonstrationen während der „Reise der Harmonie"

---

[9] Tsesing Woeser, *Ihr habt die Gewehre, ich habe einen Stift*, 2009, S. 38 ff

der olympischen Fackel waren die Folge. China reagierte mit heftiger Kritik auf die „westliche Einmischung" in interne Angelegenheiten und startete eine Propagandaoffensive gegen den Dalai Lama, der schließlich am 18. März mit Rücktritt drohte, sollten die Tibeter weiterhin Gewalt anwenden. In seinen Aufrufen[10] an die Tibeter, an das chinesische Volk und an die Weltöffentlichkeit vom April 2008 appellierte das geistige und (damals noch) politische Oberhaupt Tibets an den von ihm und seiner Exil-Regierung eingeschlagenen Weg des Dialogs und der Gewaltlosigkeit. Für die tibetische Bevölkerung hat sich seit den Tagen des März-Aufstandes die Situation kontinuierlich verschlechtert. Das zeigt sich u. a. in der verstärkten militärische Präsenz in Lhasa und der Autonomen Region Tibet, in verschärften Kontrollen, Hausdurchsuchungen, Verhaftungen und Verschleppungen von Menschen, die im Zusammenhang mit den Aufständen stehen könnten. Uneingeschränkter Schusswaffengebrauch und willkürliche Verhängung von Haftstrafen bis hin zu Todesurteilen sowie ein ausgeweitetes Bespitzelungssystem schüren Angst, Misstrauen und Verzweiflung der tibetischen Bevölkerung. Es kommt hinzu, dass die Zukunft der neuen tibetischen Generation von ihrem durch China limitierten und kontrollierten Zugang zu Bildung abhängig ist. Für viele junge Leute ist die „Dunkelheit Tibets" nicht länger zu ertragen. Ihr Weg führt entweder in Gleichgültigkeit und Ablösung von der tibetischen Kultur oder zum Verlassen des Landes. Immer mehr verzweifeln und wählen mit der Selbstverbrennung eine letzte Form des Protests und Appells an die Weltöffentlichkeit.

Obwohl China offiziell die Menschenrechtskonvention der UNO ratifiziert und 2004 die Respektierung der Menschenrechte als

---

10 Dalai Lama: *Freiheit für Tibet. Botschaft für Menschlichkeit und Toleranz*, Heinrich Hugendubel Verlag Kreuzlingen/München 2008

Verfassungszusatz aufgenommen hat, werden Persönlichkeits- und Freiheitsrechte in China und somit auch in Tibet nach westlichem Verständnis vollständig negiert. Massive Verletzungen der Grundrechte auf Leben, Freiheit, Sicherheit der Person, Schutz vor Folter, willkürlicher Festnahme, willkürlichen Eingriffen ins Privatleben sind in Tibet an der Tagesordnung. *Die tibetische Bevölkerung ist den Repressionen der chinesischen Sicherheitskräfte wehrlos ausgeliefert. Besonders an bestimmten Jahrestagen ist die Bewegungsfreiheit der Tibeter stark eingeschränkt. Bei friedlichen Protesten kommt es regelmäßig zu willkürlichen Festnahmen. Die Inhaftierten sind häufig Folter und Misshandlungen ausgesetzt.*[11] Auch seien zwischen 2006 und 2012 *im Zuge eines staatlichen Programms mehr als zwei Millionen Tibeter zwangsumgesiedelt worden oder hätten in neue Wohnungen umziehen müssen. [...] Zusätzlich seien hunderttausend nomadisch lebende Hirten in Regionen wie Qinghai außerhalb des Autonomiegebietes umgesiedelt worden. Es gehe der Regierung darum, die Nomaden sesshaft zu machen und in 'dauerhafte Strukturen' zu drängen, doch laufe dies der tibetischen Kultur zuwider.*[12] Eingriffe in das private und öffentliche Leben in Tibet zeigen sich besonders in restriktver Einschränkung der Glaubens- und Religionsfreiheit, der Rechtssicherheit, der Versammlungsfreiheit sowie der Meinungs- und Informationsfreiheit. Internetzensur, Überwachung der privaten und öffentlichen Tele-Kommunikation, Zerstörung von blogs, jahrelange Informationssperre für ausländische Journalisten, Selbstzensur chinesischer Journalisten und ein alles umfassendes zentralistisches Mediennetz zur

---

11 Menschenrechte in Tibet: www.tibet-initiative.de/de/tibet/menschenrechte

12 *Klöster in Tibet: China erlaubt offenbar wieder Bilder des Dalai Lama*, in: www.spiegel.de/politik/ausland/china-erlaubt-tibet-offenbar-bilder-des-dalai-lama-a-908311.html

Verbreitung parteikonformer Propaganda stellen wichtige Kontrollmechanismen des Regimes dar.

Nach chinesischer Auffassung ist die Einhaltung und der Schutz der Menschenrechte[13] von dem wirtschaftlichen Status eines Staates geprägt. Chinas Regierung betont, *dass die Einheit und die Stabilität Chinas die Basis für die Realisierung der Menschenrechte* darstelle. Da die Einheit und Stabilität Chinas noch immer als gefährdet gelte, stünden *Rechtssicherheit, Religionsfreiheit, Meinungsfreiheit, Informationsfreiheit und Versammlungsfreiheit unter dem Vorbehalt der Einheit und Stabilität Chinas, die als vorrangiges Gut betrachtet werden. Die Stabilität und Einheit Chinas sowie der wirtschaftliche Wohlstand der Bevölkerung stehen in der chinesischen Normenhierarchie über den individuellen Rechten der Bürger.*[14] Nach konfuzianischem Denken, das auch das kommunistische China geprägt hat, kann ein Mensch nur innerhalb einer gesellschaftlichen Organisation existieren. Daher benötigt er eine feste Ordnung, die durch kulturelle Muster oder Riten („Li"), Menschlichkeit („Jen") und Reziprokität oder Wechselseitigkeit („Shu") geprägt ist, im Sinne des bekannten Konfuzius-Zitates *Dsi Gung fragte und sprach: „Gibt es ein Wort, nach dem man das ganze Leben hindurch handeln kann?" Der Meister sprach: „Gegenseitigkeit. Was du selbst nicht wünschest, tu nicht an andern."*[15]

---

13 vgl. Heiner Roetz: *Menschenrechte und Konfuzius*, Zeit online vom 09.06.1995; Hagen Bernhard: *Der klassische Konfuzianismus und die Idee der Menschenrechte*, Seminararbeit zu „Menschenrechte im Kulturvergleich" o. J.

14 *Menschenrechte in der Volksrepublik China*, in: de.wikipedia.org/wiki/Menschenrechte_in_der_Volksrepublik_China

15 Konfuzius: *Gespräche*, XV, 23 in: Hagen Bernhard: *Der klassische Konfuzianismus und die Idee der Menschenrechte*, Seminararbeit zu „Menschenrechte im Kulturvergleich, o. J.

Die Ordnung wird also hergestellt durch eine „menschengemäße Haltung" des Herrschers bzw. der Regierung gegenüber dem Volk, der seinerseits nicht zum „Fallensteller" werden darf. Eine milde Justiz und weitgehender Verzicht auf das Töten sind Grundvoraussetzungen für die loyale Pflichterfüllung der Beherrschten gegenüber den Herrschern. Die Menschen in China müssten daher im eigentlichen Sinn keine „Menschenrechte" einfordern, solange die „Herrscher" ihrem hohen sittlichen Anspruch an „Menschlichkeit, Gerechtigkeit, Sittlichkeit und moralisches" Wissen gerecht würden. Dadurch eigne nach Mengzi „dem Menschen eine ‚Würde', die ihm durch keine Institution genommen werden" könne oder erst verliehen werden müsse.[16] Hier berührt sich der Begriff der „Würde" mit der westlich geprägten Idee der Allgemeinen Menschenrechte: **„Alle Menschen sind frei und gleich an Würde und Rechten geboren."**[17]

Der unüberbrückbar erscheinende Gegensatz zwischen abendländischen „Rechten" und chinesischen „Pflichten" löst sich auf, wenn die von Konfuzius „geforderten Menschenpflichten" als „höhere Ausformung der Idee der Menschenrechte"[18] bezeichnet werden.

Die „Tugendmoral" des klassischen Konfuzianismus gilt als „prinzipiell personenorientiert und weniger institutionell ausgerichtet. Im alten China gab es dadurch keine Entwicklung einer Menschenrechtskonzeption im Sinne der verfahrensmäßig und juristisch von unten nach oben durchzusetzenden Abwehrrechte."[19] Doch es ist

---

16 vgl. Heiner Roetz: *Menschenrechte und Konfuzius*, ZEIT-online, 09.06.1995

17 Allgemeine Erklärung der Menschenrechte, Art. 1

18 Hagen Bernhard: *Der klassische Konfuzianismus und die Idee der Menschenrechte*, S. 10

19 Hagen Bernhard: *Der klassische Konfuzianismus und die Idee der Menschenrechte*, S. 10

nicht eigentlich das Denken des Klassikers und Humanisten Konfuzius als vielmehr die politische Doktrin und die Machtinteressen der Kader der kommunistischen Partei, die die Verletzung und Missachtung der Menschenrechte in China und somit auch in Tibet begründen. Nach Ansicht des Künstlers und Dissidenten Wang Tse Tse würde Konfuzius heute „im Arbeitslager sitzen, denn er trat für eine saubere Regierung und gegen richterliche Willkür"[20] ein. „Wer recht hat, bestimmt die Partei.", meint der Pekinger Künstler und Kritiker Fung Feng. Konfuzius, dessen Philosophie Mao Tse-tung als „elitäres Klassensystem" beschimpfte, ist heute beliebter Ideologie-Ersatz einer nicht mehr überzeugenden Parteipropaganda.

Chinas prominentester Systemkritiker, der Friedensnobelpreisträger Liu Xiaobo, spricht davon, dass das heutige China des posttotalitären Zeitalters in eine „Epoche des Zynismus" übergegangen sei. *Die Menschen (hohe Beamte und Parteimitglieder eingeschlossen) glauben nicht mehr an die offiziellen Wortregelungen. Hingabe an den Profit tritt an die Stelle von Treu und Glauben; dass man die „große, ruhmreiche, gute" Partei und ihre hohen Beamten im Privaten verflucht, kritisiert und verspottet, gehört längst zum „guten Ton bei Banketten und Vergnügungen" der Zivilgesellschaft, während dann bei offiziellen Anlässen die Verlockungen und die Zwänge des Profits doch dazu führen, dass die überwiegende Mehrheit [...] ein Loblied auf das alles anstimmt.*[21]

---

20 Barbara Schwepke: *Konfuzius statt Menschenrechte*, Focus Magazin Nr. 27, 1996

21 Liu Xiaobo: *Ich habe keine Feinde, ich kenne keinen Hass.* Ausgewählte Schriften und Gedichte, hrsg. v. Tienchi Martin-Liao und Liu Xia, Fischer Taschenbuch Verlag, Frankfurt am Main 2013

Der Kader-Kapitalismus ziehe eine neue, opportunistische und profit-orientierte Generation „kleiner Kaiser" groß, die, geschichtsfern aufgewachsen, kein Interesse an den „Katastrophen der Vergangenheit" oder an einer veränderten Gesellschaft zeige. Zu gesellschaftlicher und staatlicher Gewalt werde geschwiegen, Abstumpfung des Mitgefühls und das Fehlen jeglichen Gerechtigkeitsgefühls seien Normalität. *Die Dinge, denen die ‚Nach-89-Generation', von Wohlstand und Pragmatismus aufgeweicht, ihre wesentliche Aufmerksamkeit gewidmet hat, haben mit tiefer Reflexion, hoher Menschlichkeit, nüchterner Politik, humanem Engagement und transzendenten Werten nichts zu tun. Dem Leben gegenüber nehmen sie eine pragmatische und opportunistische Haltung ein, wichtige Ziele im Leben sind für sie ein Beamtenposten, Reichtum oder das Verlassen des Landes...*[22] Noch bedrohlicher als der radikale Nationalismus, der die junge Generation präge, sei ihre emotionale Kälte und Gleichgültigkeit gegenüber der Würde und den Rechten anderer. Gewalt der Regierung und gesellschaftliche Gewalt würden vollständig negiert. *Die geistige Verfassung des posttotalitären Festlands ist gespalten und eins: das Verhalten innerhalb des Systems und das Verhalten außerhalb des Systems, die offizielle Sprache und die Sprache der Zivilgesellschaft, das Auseinanderfallen von öffentlicher Haltung und privatem Getuschel, von tragischer Wirklichkeit und komödiantenhafter Darstellung habe ein erschreckendes Ausmaß erreicht. [...] Außer Genuss und Konsum scheint nichts übrig zu bleiben als die missgestaltete Darstellung der „Managervernunft": rücksichtslose Optimierung des persönlichen Profits.*[23]

---

22 Liu Xiaobo: *Ich habe keine Feinde, ich kenne keinen Hass*, Frankfurt am Main 2013, S. 37 f.
23 derselbe, S. 45

Die von Liu Xiaobo beschriebenen Veränderungen in der chinesischen Gesellschaft treffen nach Ansicht des slowenischen Philosophen Slavoj Zizek auch auf die aktuellen Verhältnisse in Tibet zu. *Die Geschichte [Tibets] erreicht ihren vorläufigen Höhepunkt in der derzeitigen partiellen Veränderung der chinesischen Strategie. Statt militärischen Druck auszuüben, setzt China zunehmend auf die ethnische und wirtschaftliche Kolonisierung der Region und beeilt sich, Lhasa in eine chinesische Version des kapitalistischen Wilden Westens zu verwandeln, mit Karaokebars und disneyartigen „buddhistischen Themenparks" für westliche Touristen. Kurzum, das in den Medien vermittelte Bild brutaler chinesischer Soldaten und Polizisten, die buddhistische Mönche terrorisieren, verschweigt die wesentlich effektivere sozioökonomische Transformation des Landes im amerikanischen Stil...*[24] Gleichzeitig gibt es immer wieder mutige Tibeterinnen und Tibeter, darunter neben Nonnen und Mönchen auch Laien, die sich durch Proteste, Demonstrationen und zivilen Ungehorsam dem herrschenden politischen Terror und dem Überwachungssystem der chinesischen Regierung entgegensetzen. Wie Liu Xiaobo hoffen viele Regimekritiker auf eine allmähliche Veränderung des modernen China in Richtung einer pluralistischen Demokratie. Diese werde durch eine immer stärkere Zivilgesellschaft wie auch durch internationalen Druck der westlichen Handelspartner Chinas erreicht.

Für die Tibeter ist die Hoffnung auf eine demokratische Gesellschaft - wenn auch nur als „Autonome Region Tibet" innerhalb der Grenzen Chinas - unter den gegenwärtigen Umständen nur sehr gering. Je stärker der internationale Druck des Westens, je größer der Mut der tibetischen Bevölkerung zu gewaltfreiem Widerstand

---

24 Slavoj Zizek: *Die gnadenlose Liebe*, Suhrkamp Verlag 2001, S. 111

gegen den systematischen Staatsterror, desto restriktiver und brutaler die Reaktion der chinesischen Regierung.

In ihrem Gedicht „Angst in Lhasa"[25] beschreibt die tibetische Journalistin und Schriftstellerin Tsering Woeser die Stimmung in Tibet unmittelbar nach den Aufständen im März 2008:

Hastiger Abschied von Lhasa-
Die Angst von Lhasa sitzt in den Atemzügen,
in den Herzschlägen, in den Momenten,
wenn du etwas sagen möchtest, aber noch innehältst,
wenn du vor zuviel Kummer nicht schreien kannst,
unfähig bist, ein Wort herauszubringen.

Hastiger Abschied von Lhasa -
Diese Angst, Tag und Nacht geschaffen von unzähligen
Soldaten mit Gewehren,
zahllosen Polizisten in Zivil,
und noch mehr von der riesigen Staatsmacht hinter ihnen;
Doch richte nicht dein Objektiv auf sie, sonst richten sie
ihr Gewehr auf dich, vielleicht wirst du in irgendein Eck
gebracht, und niemand erfährt davon.

Die nachfolgenden Dokumente für die Demonstrationsszene in Bild 4 und 5 beziehen sich auf die folgenden Quellen: amnesty international: *Beschämende Menschenrechtsbilanz*, amnesty journal 3/2008; *Spiel mit dem Feuer*, amnesty journal 5/2008; amnesty

---

25 Der vorliegende Auszug wird zitiert aus dem Gedicht „Angst in Lhasa" in: Tsering Woeser: *Ihr habt die Gewehre, ich einen Stift. Eine Chronologie der Ereignisse 2008 in Tibet*, Lungta Verlag Berlin 2009, S. 275

international: *Todesstrafenstatistik 2011*; amnesty international: *Wenn der Staat tötet, Todesstrafe in der Volksrepublik China*, 10. April 2013; amnesty international Schweiz: *Todesstrafe in China*, www.amnesty.ch/de/themen/todesstrafe/info/info/china; www.todesstrafe.de/archiv/3069/China_verurteilt_Tibet-Aufständische_zumT...16.09.2009; Manfred Unterweger: *Made in China: Weltweiter Hinrichtungsrekord*, art-manfred-unterweger.blogspot.de/2013/04/nade-in-china.htlm. Brennpunkt TIBET, *Geschichte und Gegenwart Tibets*, Sonderausgabe 01; Brennpunkt TIBET, *Ein Volk für sein Land, Tibet im Widerstand*, Sonderausgabe 03, Brennpunkt TIBET, 04/2010; *Die Menschen in Tibet sind verzweifelt*, Interview mit dem Sonderrepräsentanten des Dalai Lama zu den Selbstverbrennungen in Tibet, www.dradio.de/dif/sendungen/interview_dif/1937546/; TCHRD (Hg.): *Kuxing. Folter in Tibet*, Longtai Tibet-Themen Band 3, Gießen 2007; *Das TCHRD gedenkt der Folteropfer und appelliert an China, die Folterpraxis zu beenden*, www.igfm-muenchen.de/tibet/TCHRD/2013/Foltertag_26.6.htlm.; Lhasa: *Ein neuer „Ort der Rassentrennung"*, von Tsering Woeser, www.pressekat.de/pm-183643-Lhasa+neuer+%84Ort+der...ng+Yunnan+Quinhai+Sichuan+hukou+buddhistische+Mönche+htlm; *60 Jahre chinesische Politik hat Tibet erledigt*, www.igfm.muenchen,de/tibet/tibetstart.htlm; *Mit Schlagstöcken gegen Tibeter-Protest*, www.dw-world.de/dw/article/0"14918859,00.htlm/ *Massenumsiedlung und Sinisierung*, tibetfocus.com/tibet/geschichte/massenumsiedlung-und-sinisierung; Tibeter wegen Zwangsumsiedlung in Milliardenhöhe verschuldet, www.igfm-muenchen.de/tibet/ctc/2009/Umsiedlung-Verschuldung_16.10.htlm

Dokumente für ein freies Tibet und für die Einhaltung der Menschenrechte (Bild 4 und 5)

Doch zählt auch das zu der Tyrannis Gnaden,
Frei darf sie tun und lassen, was sie will.
Sophokles, Antigone, vv. 506f.

Bausteine der Mauer des Gedenkens (Wei Li's „geschachtetes Gehege" in Bild 5)

CHINA WELTMEISTER IM HINRICHTEN
In keinem Land der Erde werden so viele Hinrichtungen vollzogen wie in der VR China.
Von 1995-2000 regististriert *amnesty international* mehr als 10 000 Hinrichtungen durch Gift, Erschießen oder Erhängen. Die Dunkelziffer liegt vermutlich wesentlich höher. Nach Aussage eines Abgeordneten des nationalen Volkskongresses exekutiert China jährlich 10 000 Menschen. Nachdem der Volksgerichtshof 2007 erneut die Aufgabe übernommen hat, alle Todesurteile zu prüfen, soll die Zahl der durchgeführten Exekutionen deutlich zurückgegangen sein. 2008 richtete China jedoch mindestens 1718 Personen hin und verurteilte 7300 weitere zum Tode. Die offiziellen Statistiken zu Todesurteilen und Hinrichtungen gelten als Staatsgeheimnis. Für den Zeitraum von 1990 bis Ende 2008 lasen sich auf der Grundlage von Amnesty-Zahlen 58.500 Todesurteile und über 32.000 Hinrichtungen dokumentieren.

CHINA VERURTEILT ZUM TODE

Rund 55 Straftatbestände werden gegenwärtig in der VR China mit dem Tode bestraft, darunter:

• Mord
• bewaffneter Raub
• tätlicher Angriff
• Geiselnahme
• Vergewaltigung
• „konterrevolutionäre" Aktivitäten
• Verrat von Staatsgeheimnissen
• Scheckbetrug
• Schmuggel
• Unterschlagung
• Drogenhandel
• Zuhälterei
• Sachbeschädigung
• Diebstahl

DAS URTEIL STEHT VON VORNHEREIN FEST

Die chinesische Justiz ist nach wie vor nicht in der Lage, die Todesurteile der Gerichte zu prüfen bzw. ein faires Gerichtsverfahren in Übereinstimmung mit internationalen gerichtlichen Standards zu garantieren. So gibt es in der Praxis keine Unschuldsvermutung, politischer Druck fordert harte Strafen. Nicht selten stehen Urteil und Strafmaß vor Prozessbeginn fest. Die Inhaftierten werden häufig massiv gefoltert und misshandelt, um „Geständnisse" zu erpressen die dann zur Verurteilung führen. Anstelle der Unschuldsvermutung liegt die Beweislast der Unschuld auf Seiten der Verurteilten. Da der Polizei ein breiter Ermessensspielraum eingeräumt wird, können Verdächtige längere Zeit ohne Anspruch auf anwaltliche

Vertretung in Haft gehalten, gefoltert und misshandelt werden. Viele sterben als Folge von Folter in verschiedenen staatlichen Institutionen wie Gefängnissen und politischen Haftanstalten.

JUSTIZIRRTÜMER UND RECHTSBEUGUNG AN DER TAGESORDNUNG

Tatverdächtige haben weder bei Polizeiverhören noch vor Gericht das Recht auf einen Anwalt; ausländischen Staatsbürgern wird ein Dolmetscher verweigert. Dies leistet Justizirrtümern und Rechtsbeugung Vorschub. Dazu kommt, dass erst seit 2002 Richter ein Jurastudium abgeschlossen haben müssen. Viele der gegenwärtig ca. 200.000 Richter sind ehemalige Armeeangehörige oder Beamte ohne akademischen Abschluss. Erst seit 2006 gibt es die Vorschrift, dass im Falle der Verhängung der Todesstrafe drei Richter in einer öffentlichen Verhandlung anwesend sein müssen und dass der Verurteilte ein Recht auf Anhörung hat.

ZWANGSARBEIT STATT TODESSTRAFE

Die Gerichte können Todesurteile mit zweijährigem Aufschub des Vollzugs verhängen. Während dieser zwei Jahre müssen die Verurteilten Zwangsarbeit verrichten. Im Falle eines Todesurteils auf Bewährung entscheiden die zuständigen Behörden nach Ablauf der Bewährungsfrist gemäß dem Betragen der Verurteilten, ob das Todesurteil vollstreckt oder in lebenslängliche Haft (15-20 Jahre) umgewandelt wird.

SCHNELLJUSTIZ UND HINRICHTUNGSBUSSE

Die Verurteilten werden in der Regel innerhalb von einer Woche nach Bestätigung des Urteils hingerichtet. In der Regel vergeht zwischen der Verhängung der Todesstrafe und ihrer Vollstreckung weniger als ein Jahr, oft nur wenige Monate. Den Verurteilten wird der Hinrichtungstermin in der Regel am Tag vor der Vollstreckung mitgeteilt, so dass Angehörige sich nicht von ihnen verabschieden können. Besonders vor hohen Feiertagen im chinesischen Kalender sowie vor wichtigen Ereignissen finden Massenhinrichtungen statt. Auch werden mutmassliche Kriminelle in Gruppen abgeurteilt und in „Hinrichtungsbussen" per Giftspritze „kostensparender und effizienter" hingerichtet zu werden. Diese Praxis kommt der „Ausweidung" der Hingerichten für den Organhandel entgegen.

AUGENGLÜCK

Entgegen dem 1998 erlassenen Verbot des Obersten Gerichtshofs werden die Verurteilten nicht selten auf Massenversammlungen in demütigender Weise zur Schau gestellt. Die Anwesenheit bei sogen. „Denunziationsveranstaltungen" ist verpflichtend für Kindergärten, Schulen, Betriebe. In riesigen Stadien oder auf Plätzen findet bei heiterster Volksfeststimmung die öffentliche Beschimpfung der häufig schon mundtot gemachten Verurteilten statt. Diese stehen auf einer Tribüne, tragen um den Hals Plakate, auf denen ihre Straftaten verzeichnet und ihre Namen bereits mit einem Kreuz durchgestrichen sind. Anschließend finden vor den Augen des Volkes Massenhinrichtungen statt, bei denen den knienden und gefesselten Gefangenen ins Genick geschossen wird. Dieses Phänomen bezeichnet man in China seit 2000 Jahren als „Augenglück".

KOPFGELD UND ORGANHANDEL

Die Familien der Verurteilten sind verpflichtet, die zur Hinrichtung verwendete Munition dem chinesischen Staat zu erstatten. Ihre hingerichteten Angehörigen können sie nur nach Entrichtung eines „Kopfgeldes" zur Bestattung freikaufen. Desweiteren werden die Hingerichteten systematisch ausgeweidet. Nach Angaben von *amnesty* bestätigte „China daily" Ende August 2009, dass „65 Prozent der in der Volksrepublik verpflanzten Organe Exekutierten entnommen worden sein." Mobile Hinrichtungsfahrzeuge mit Kühlkammern ermöglichen auch kleinen Gerichten Exekution und Organentnahme unter klinisch reinen Bedingungen. Auf diese Weise trägt auch der zum Tode Verurteilte noch zur Stärkung der chinesischen Wirtschaft bei. Die Behörden versicherten allerdings, dass dieses System bis 2017 durch die freiwillige Organspende ersetzt werden soll.

DER GENOZID AUF DEM DACH DER WELT

Nach der Niederschlagung des Volksaufstandes vom März 1959 begann in Tibet eine systematische Unterdrückung der tibetischen Bevölkerung und der kulturelle Genozid der tibetischen Sprache, Religion und Identität. Zwar folgten 130.000 Tibeterinnen und Tibeter seit 1959 dem Dalai Lama ins indische Exil, doch für die in Tibet verbleibende Bevölkerung gab es keine Rettung vor dem systematischen Terror. Zwischen 1959 und 1980 wurden über eine Million Tibeterinnen und Tibeter in der „Autonomen Region Tibet" Opfer staatlicher Gewalt. Es starben in diesem Zeitraum

- 173.138 Tibeterinnen und Tibeter in Gefängnissen und Arbeitslagern
- 156.758 durch Hinrichtungen
- 432.717 in Kampfhandlungen
- 343.151 an Hunger
- 92.731 durch Folter
- 9.002 durch Selbstmord.

CHINA ENTZIEHT SICH DER KONVENTION GEGEN FOLTER

Entgegen dem Übereinkommen der Internationalen Gemeinschaft vom 26.06.1987 gegen Folter und andere grausame und unmenschliche oder erniedrigende Behandlung oder Strafe ist Folter in China und mithin in Tibet bis heute an der Tagesordnung. Folter wird weltweit geächtet und China verpflichtet sich formell als Vertragspartner der Konvention, Folter zu verhindern und Folterer zu bestrafen. Tatsächlich aber verweigert die chinesische Führung eine Zusammenarbeit mit der Internationalen Gemeinschaft. In Tibet gehören brutale Übergriffe des Staates auf Unschuldige durch paramilitärische chinesische Einheiten sowie bei Verhören in Gefängnissen und Arbeitslagern zur Normalität.

FOLTER IN TIBET

Willkürlich werden friedliche Demonstranten oder Verdächtige festgenommen, in „schwarze Gefängnisse" gebracht, aus denen die dort Gefolterten und Misshandelten erst nach unbestimmter Zeit zurückkehren. Regelmäßig wird Folter bei Verhören in Gefängnissen und Arbeitslagern eingesetzt. Die Tibeter werden mit Gewehrkolben und Elektroschlagstöcken geschlagen. Tagelang entzieht man ihnen den Schlaf. Sie werden am ganzen Körper Elektroschocks ausgesetzt, werden gefesselt und umgekehrt an der Decke aufgehängt. In Isolationshaft gehaltene Gefangene werden auf die sogen. „Tigerbank" gebunden, so dass sie Arme und Beine nicht mehr bewegen können. Monatelang werden Gefangene nackt an das sogen. „Totenbett" gefesselt, unfähig sich zu rühren. Aus der Haft entlassene gefolterte Tibeter sind an Körper und Seele gebrochene Menschen, die den Rest ihres Lebens unter den Folgen der Misshandlungen leiden. Die Anzahl der Todesopfer durch Folter ist nicht bekannt.

ARBEITSLAGER UND THAMZING

Von den Todesurteilen in Tibet sind seit den März-Unruhen von 2008 nur wenige vollstreckt worden. Die meisten zum Tode verurteilten müssen in sogen. „Umerziehungslagern" Zwangsarbeit leisten. Diese Lager sind den nationalsozialistischen Konzentrationslagern zu vergleichen. Die Gefangenen werden dort unter menschenunwürdigen Bedingungen in Sammelzellen untergebracht, sie müssen ohne ausreichende Verpflegung und medizinische Versorgung respektive angemessene sanitäre Anlagen sieben Tage die Woche von Sonnenaufgang bis Sonnenuntergang Frondienst leisten. Abends finden sogen. „Thamzings" statt, bei denen die Lagerinsassen von den Aufsehern gezwungen werden, sich gegenseitig zu kritisieren und zu schlagen. Wer sich weigert, wird selbst geschlagen: Nachbarn gegen Nachbarn, Schüler gegen Lehrer, Kinder gegen Eltern. Nicht selten werden die Gefangenen dabei vor Augen der eigenen Angehörigen zu Tode geprügelt.

KULTURELLER GENOZID

Während der Kulturrevolution von 1966-1976 wurden 5992 der insgesamt 6000 Klöster, dazu die meisten religiösen Zentren, Schulen und Bibliotheken in Tibet zerstört. Jegliche Ausübung der Religion war streng verboten, ebenso Bräuche, Trachten, Feste. Bis heute unterliegt die Ausübung der Religion, die Teilnahme an religiösen Festen oder Bräuchen, das Tragen tibetischer Tracht wie alle übrigen Formen tibetischer Tradition und Kultur einer strengen Überwachung. Bis vor Kurzem war allein der Besitz eines Dalai-Lama-Bildes ein Verhaftungsgrund.

111

ÜBERWACHUNG DER KLÖSTER

Tausende von Nonnen und Mönchen wurden seit der Okkupation Tibets in chinesischen Arbeitslagern gefoltert, misshandelt, zum Widerruf ihrer Gelübde und zur Schmähung ihres geistlichen Oberhauptes gezwungen. Nonnen wurden vergewaltigt und zu öffentlichem Geschlechtsverkehr gezwungen. Lässt die chinesische Regierung heute auch bedingt die Ausübung der Religion zu, so sind doch die Klöster einer strengen Überwachung und einem ausgeklügelten Bespitzelungssystem ausgeliefert. Unmittelbar nach Ausbruch der März-Unruhen 2008 wurden zuerst die drei großen Klöster Sera, Ganden und Drepung, dann auch weitere Klöster abgeriegelt und von der Versorgung abgetrennt. Die Abriegelung von Klöstern als polizeiliche Maßnahme wird bis heute regelmäßig eingesetzt.

WER TIBETISCH SPRICHT, HAT SCHON VERLOREN

Tibeter sind zur aussterbenden Minderheit in ihrem eigenen Land geworden. Gegenüber 7, 5 Mio. Chinesen leben in Tibet nur noch 6 Mio. Tibeter. In großen Städten wie Lhasa sind bereits zwei Drittel der Bevölkerung Chinesen. Durch gezielte Bildungspolitik, die Chinesisch als erste Landessprache vorsieht, durch Wirtschafts- und Tourismusboom, der ausschließlich in chinesischer Hand liegt, gerät alles Tibetische ebenso wie die buddhistische Tradition zum folkloristischen Element der Gesellschaft. So bleibt den meisten Tibetern nur die Assimilation und damit die Aufgabe eigener kultureller Identität. Wer heute Tibetisch spricht, sich tibetisch kleidet, droht sozial und wirtschaftlich an den Rand gedrängt zu werden.

ZWANGSUMSIEDLUNG UND ARBEITSLOSIGKEIT

Allein in den Jahren zwischen 2006 und 2012 sind über 2 Millionen Tibeter zwangsumgesiedelt worden oder sie mussten neue Wohnungen in sogen. „sozialistischen Dörfern" beziehen. Der Bevölkerungstransfer chinesischer Siedler nach Tibet stellt die größte Bedrohung für das Überleben des tibetischen Volkes und seiner Kultur dar. In Tibet herrscht eine Zwei-Klassengesellschaft mit ethnisch scharf getrennten Grenzen. Die Zwangsumsiedlung geht mit einer Verschuldung der tibetischen Bauern und Nomaden in Milliardenhöhe und wachsender Arbeitslosigkeit unter der tibetischen Bevölkerung einher.

LHASA - EIN ORT DER RASSENTRENNUNG

Die Diskriminierung der Tibeter in der Hauptstadt Lhasa geht so weit, dass tibetische Besucher hier als unerwünscht gelten. Sogar diejenigen unter ihnen, die in Lhasa seit Jahren wohnen und arbeiten, müssen sich um eine temporäre Aufenthaltserlaubnis bemühen oder in ihre Heimatbezirke zurückkehren. Die Militärpolizei kontrolliert verschärft Flugplätze, Bahnhöfe, Schnellstraßen sowie die Altstadt von Lhasa. Die benötigten Dokumente für einen freien Aufenthalt in der Hauptstadt sind nur unter erschwerten Bedingungen zu erhalten. Lhasa ist eine Disneyland-Version für überwiegend chinesische Touristen geworden. Die Tibeter leben dort in der Minderheit, wirtschaftlich und sozial an den Rand gedrängt, staatlich überwacht und ausgegrenzt.

TIBETS STUMME ZEUGEN - CHRONIK EINES JAHRES[26]

Komm, komm herbei,
Meiner Stunden Gnade,
Meiner Tage letzten
Bring, höchster Trost!
Komm, komm, lass mich
Keinen Tag mehr sehen!
Sophokles, Antigone, vv. 1329ff.

28.09.2013
Ein tibetischer Bauer zündet sich an und stirbt beim Mani-Gebetsfest

17.09.2013
Tibeter im Zusammenhang mit der Selbstverbrennung von Tserang Norbu bestraft

---

26 Die folgenden Nachrichten über Menschenrechtsverletzungen und Selbstverbrennungen in Tibet im Jahresrückblick 2013/2012 entstammen dem Archv der IGFM München (www.igfm-muenchen.de/tibet/ tibetstart.htlm). Sie zeigen nur exemplarisch die alltäglich gewordene Unterdrückung des tibetischen Volkes. Seit den von Tsering Woeser akribisch dokumentierten Ereigissen vom März 2008 hat sich eine neue Form des Protests entwickelt, die Selbstverbrennung. Im Jahr 2013 ist die Anzahl der Todesopfer auf über 120 gestiegen. Der Kampf um das Überleben Tibets lässt gerade viele sehr junge Tibeterinnen und Tibeter so verzweifeln, dass sie lieber als „Feueropfer" sterben als unter Chinas Diktatur weiterleben wollen. Sie hoffen, auf diese Weise ein deutlich wahrnehmbares Zeichen der Empörung zu setzen, um die Welt auf den drohenden Untergang der tibetischen Nation und ihrer Kultur aufmerksam zu machen. Die Eskalation der Gewalt hat sich seit den März-Unruhen von 2008 noch verschärft. Die ausgewählten Nachrichten sollen der derzeit aktuellen Lebenssituation der Tibeter Rechnung tragen.

16.09.2013
Kloster Wonpo: China verurteilt drei Mönche zu vier Jahren
Gefängnis
13.09.2013
Tibeter festgenommen, weil er Unabhängigkeitsslogans rief
28.08.2013
Tibetischer Sänger wegen anti-chinesischen Verhaltens zu fünf
Jahren Haft verurteilt
26.08.2013
Tibetische Nonne in schlechtem Gesundheitszustand aus
Gefängnis entlassen
22.08.2013
Chinesische Polizei prügelt einen Tibeter im Polizeigewahrsam
zu Tode
19.08.2013
Tränengas, Schläge und Elektroschocks gegen Umwelt-
Demonstranten eingesetzt
17.08.2013
Tibeter wegen Selbstverbrennung seiner Frau zu Tode verurteilt
11.08.2013
Zwei Tibeter wegen Feuerprotesten im Februar in Rebkong
verurteilt
09.08.2013
Das traditionelle Shoton-Fest in Lhasa von starkem Militäraufgebot
überschattet
07.08.2013
Ein Schriftsteller und vier andere Tibeter zu über fünf Jahren
Haft verurteilt
06.08.2013
Weiteres Selbstverbrennungsopfer in Nepal: Tibetischer Mönch

stirbt an der Boudhanath Stupa

06.08.2013

Behörden schließen ein Kloster in der Gegend von Nagchu, TAR; drei Mönche in Chamdo verurteilt

03.08.2013

Zwei tibetische politische Gefangene nach Misshandlung im Gefängnis krank entlassen

01.08.2013

Drei Tibeter in Chamdo wegen ihrer Weigerung, die chinesische Flagge zu hissen, festgenommen

22.07.2013

Chinesischer Schlägertrupp greift tibetische Dorfbewohner an, 17 Verwundete

22.07.2013

China verurteilt drei Tibeter zu bis zu zehn Jahren Gefängnis, weil sie die Leiche eines Feueropfers retten wollten

22.07.2013

18-jähriger Mönch stirbt nach Selbstverbrennung; Verbleib der Leiche ungeklärt

18.07.2013

Tibetischer Mönch wegen Selbstverbrennung zu 10 Jahren Haft verurteilt

17.07.2013

Nach Schüssen auf Tibeter am 06.07.2013 werden die Festgenommenen in der Haft gefoltert

09.07.2013

Bewaffnete Polizei schießt auf Tibeter, die den Geburtstag Seiner Heiligkeit feiern; mindestens 9 Schwerverletzte

04.07.2013

Mönch verhaftet wegen Zwischenrufen während Feierlichkeiten

zum 92. Jahrestag der KP China

02.07.2013

Lhasa droht „Disneyfizierung" durch neue Hotelplanungen

27.06.2013

Lebensunterhalt von Millionen von Tibetern in den „Neuen Sozialistischen Dörfern" bedroht

21.06.2013

Tibeter in Sershul zu Tode geschlagen; Behörden sprechen von „Selbstmord"

21.06.2013

Chamdo im Zentrum von Pekings neuer Umerziehungskampagne „Zum Wohle der Massen"

19.06.2013

Chinas Überwachungssystem von Internet und Telefon in Tibet ist nun perfekt

13.06.2013

Zwei tibetische Sänger in einem geheim gehaltenen Verfahren verurteilt, Verbleib unbekannt

12.06.2013

Tibetische Nonne setzt sich bei religiöser Versammlung in Tawu in Brand

05.06.2013

Tibetischer Gefangener nach fünfjähriger Haftstrafe in miserablem Gesundheitszustand entlassen

05.06.2013

Zwei Mönche wegen Gebetsritualen für ein Feueropfer zu drei Jahren Gefängnis verurteilt

03.06.2013

Zehn Jahre Haft für einen Tibeter, der sich des Körpers eines Feueropfers angenommen hatte

31.05.2013
Erneuter Feuerprotest mit tödlichen Folgen: „Wir können nicht länger unter Chinas ständiger Repression und Folter leben!"
30.05.2013
Massiver Protest in Driru gegen die Ausbeutung von Chinas Bodenschätzen
27.05.2013
Der 18-jährige Mönch Kalsang Jingpa stirbt nach Selbstverbrennung an der Tara-Statue seines Klosters in Rebkong; 5000 Menschen versammeln sich spontan und begleiten die Bestattungszeremonie der Mönche. Die chinesischen Behörden wagen nicht einzugreifen.
21.5.2013
Jahresbericht 2012 des US State Department: „Die Repression in Tibet ist sehr hart."
21.05.2013
China verurteilt tibetischen Schriftsteller von Kloster Gartse zu fünf Jahren Haft
14.05.2013
Chinesische Polizei in Luchu vertreibt Tibeter von ihrem neu erworbenen Grund und Boden
14.05.2013
Tibetischer Mönch wegen des Besitzes von Kassetten mit Dalai-Lama-Reden von Polizei erschlagen
06.05.2013
Tibetischer Schriftsteller aus Malho in schwerkrankem Zustand entlassen
01.05.2013
Tibeter aus Gonjo zu Tode geprügelt; vier ranghohe Mönche verschwunden

01.05.2013
Die USCIRF nennt die Unterdrückung der Religionsfreiheit in
Tibet die schlimmste im letzten Jahrzehnt

01.05.2013
Tibetischer politischer Gefangener nach 25 Jahren im Gefängnis
aus gesundheitlichen Gründen freigelassen

24.04.2013
Zwei buddhistische Lehrer einer Waisenschule von Tenzin Delek
Rinponche seit 2002 verschwunden

24.04.2013
Zwei Mönche aus dem Kloster Tagtsang Lhamo Kirti sterben
nach Feuerprotest

17.04.2013
Acht Studenten wegen Demonstrationsteilnahme zu vier Jahren
Gefängnis verurteilt

15.04.2013
Mönch nach Entlassung aus dem Gefängnis geistesgestört

11.04.2013
21 Tibeter, die gegen den Abbruch ihrer Häuser protestierten, in
Kyegudo festgenommen

05.04.2013
Tibeterin verbrennt sich aus Entsetzen über Abriss ihres Hauses

01.04.2013
Tibetischer politischer Aktivist nach 17 Jahren in gebrechlichem
Zustand aus dem Gefängnis entlassen

28.03.2013
Tibetischer Mönch stirbt bei Feuerprotest gegen Chinas unmenschliche Politik

26.03.2013
Selbstverbrennung von Lhamo Kyab

24.03.2013
Tibetische Mutter aus Dzamthang stirbt bei Selbstverbrennung
18.03.2013
Ehemann nach Feuertod seiner Frau verhaftet
18.03.2013
Erneute Selbstverbrennung eines Mönches in Ngaba
13.03.2013
Populärer tibetischer Sänger Lo Lo zu sechs Jahren Gefängnis verurteilt
02.03.2013
China verurteilt drei Tibeter zu bis zu 15 Jahren Gefängnis wegen „Selbstverbrennungsverbrechen"
26.02.2013
Der tibetische Mönch Sangdag verbrennt sich im Bezirk Ngaba
24.02.2013
Tibetische Flüchtlinge in Indien berichten von „unvorstellbaren Repressionen" in Tibet
22.02.2013
Zwei weitere Selbstverbrennungen von Mönchen
22.02.2013
Sechs Tibeter in der Präfektur Chamdo brutal zusammengeschlagen und festgenommen
21.02.2013
Student in Lhasa wegen Fotos auf dem Mobiltelefon zu zwei Jahren Gefängnis verurteilt
20.02.2013
In Dzoege verbrennen sich zwei tibetische Teenager und sterben an Ort und Stelle
19.02.2013
Filming for Tibet: Anklagen gegen Golog Jigme ohne jegliche

Grundlage
13.02.2013-17.02.2013
Weitere Selbstverbrennungen von fünf in Tibetern innerhalb
einer Woche
09.02.2013
Chinas neue Verleumdungskampagne gegen tibetische Opfer
08.02.2013
Harte Urteile gegen eine Reihe von Tibetern wegen der Selbstverbrennungen
08.02.2013
China verurteilt Tibeter aus Rebkong zu 13 Jahren Haft
08.02.2013
Massenfestnahmen von Tibetern im Zusammenhang mit Selbstverbrennungen
05.02.2013
Tibeter stirbt Monate nach Sprengstoffeinsatz der Polizei gegen
Demonstranten
03.02.2013
Polizeiangriff auf Tibeter, die ein Feueropfer betrauern wollten
02.02.2013
Sechs Tibeter im Zusammenhang mit einer Selbstverbrennung
zu bis zu 12 Jahren Haft verurteilt
01.02.2013
Tibeter in einem Schauprozess wegen angeblicher Anregung zu
Selbstverbrennungen „des Mordes" überführt
30.01.2013
Ranghohe Mönche der Klöster Sera, Drepung und Ganden verschwunden
27.01.2013
Einzelner Mönch aus Serthar wird bei Protest schwer geschlagen

25.01.2013

Behörden verschärfen Verbot religiöser Rituale für Feueropfer

25.01.2013

Tibeter aus Nangchen, der sich gegen die Zwangsenteignung wehrte, festgenommen

23.01.2013

Teenager stirbt noch vor seinem geplanten Selbstverbrennungsprotest

22.01.2013

Neue Selbstverbrennungen; Mönche zu hohen Haftstrafen verurteilt

21.01.2013

Erneute Selbstverbrennung in Tibet

20.01.2013

Tibeter in der TAR haben kaum eine Chance, einen Pass zu bekommen

18.01.2013

Chinesisches Bergwerk belastet das Acker- und Weideland der Tibeter, zahlreiche Tiere verhungern

17.01.2013

Zwangsarbeit für tibetischen Geschäftsmann, der „verbotenes Material" aus Indien mitbrachte

14.01.2013

Chinesische Behörden nehmen 15 Tibeter wegen Weitergabe von Informationen über Feuerproteste fest

14.01.2013

Prominenter tibetischer Schriftsteller Gartse Jigme aus Amdo festgenommen

12.01.2013

Die 22-jährige Tsebey zündet sich im ersten

Selbstverbrennungsprotest 2013 an
10.01.2013
Privatunterricht in tibetischer Sprache und Kultur in Ngaba und
Karze verboten
09.01.2013
Behörden greifen massiv gegen den Empfang von ausländischen
TV- und Radioprogrammen durch
07.01.2013
Zwei Mönche festgenommen, die für das Feueropfer Wangchen
Norbu beteten
27.12.2012
Angehörige eines tibetischen Feueropfers festgenommen
26.12.2012
Neues Propanganda-Video der Chinesen will „die Fakten über
die Selbstverbrennungen enthüllen"
25.12.2013
Tibetischem Selbstverbrennungsopfer droht die Amputation
beider Beine
25.12.2012
Kloster Bora im Belagerungszustand
21.12.2012
Im Gefängnis Chushur bei Lhasa wird regelmäßig gefoltert
18.12.2012
Fünf Mönche des Klosters Bora nach Festnahme verschwunden
17.12.2012
Ultimatum der chinesichen Regierung an „Missetäter" in Ver-
bindung mit Selbstverbrennungen, sich freiwillig zu stellen;
Ankündigung von Geldgeschenken an Denunzianten
15.12.2012
Tibetische Nonne aus Kardze zu drei Jahren Haft verurteilt

14.12.2012
China lässt drei Mönche wegen Weitergabe von Informationen verschwinden
13.12.2012
„Beyond the numbers": Kurzer Videofilm über die Tragik der Selbstverbrennungsproteste erscheint
12.12.2012
China verurteilt acht tibetische Medizinstudenten zu fünf Jahren Gefängnis
10.12.2012
Mönch wegen Mordes nach „Geständnis" angeklagt
09.12.2012
17-jährige Schülerin stirbt nach Selbstverbrennung in Amdo
08.12.2012
Zwei Tibeter sterben am selben Tag den Feuertod
05.12.2012
Lobsang Gendun rief zur „Einheit und Solidarität" auf, bevor er sich selbst verbrannte
04.12.2012
Hohe Dunkelziffer bei Festnahmen als Folge von Selbstverbrennungen
04.12.2012
Tibeter ersticht sich aus Protest gegen Chinas Gewaltherrschaft
01.12.2012
Polizei greift hart durch nach zwei weiteren Selbstverbrennungen in Dzoege und Bora
29.11.2012
Zwei weitere Selbstverbrennngen in Gansu
28.11.2012
In ihrem Abschiedsgedicht wünscht die Nonne Sangay Dolma

die Rückkehr des Dalai Lama und die Unabhängigkeit für Tibet
28.11.2012
Ein Teenager stirbt bei Selbstverbrennung
27.11.2012
Zwei weitere Selbstverbrennungen in Ngaba und Driru
27.11.2012
Polizei belagert Tibetische Medizinschule in Chabcha, zahlreiche Verletzte
26.11.2012
Vier Selbstverbrennungen an einem Tag in Luchu, Serthar, Sangchu und Rebkong
24.11.2012
Weitere Selbstverbrennungen von Tibetern in Rebkong und Kanlo
22.11.2012
China droht mit Strafen für die Familien und die Dörfer der „Selbstverbrenner"
20.11.2012
Tibeter setzt sich an einer Goldmine in Amdo in Brand und stirbt
19.11.2012
Drei weitere Selbtverbrennungen innerhalb von drei Tagen
17.11.2012
Die Tibeterin Chakmo Kyi stirbt nach Selbstverbrennung in Rebkong
15.11.2012
Ein junger Mann und eine Frau sterben an einem Tag den Feuertod in Rebkong
14.11.2012
„Sechs Millionen Tibeter wollen Freiheit und Unabhängigkeit" -

Abschiedsbotschaft von Nyingkar Tashi

12.11.2012

Verbot für Mönche, die Totengebete für das Feueropfer Dorjee zu vollziehen

12.11.2012

Zwei junge Männer sterben nach Selbstverbrennungen in Rebkong

10.11.2012

Schülerproteste in Rebkong nach Selbstverbrennung eines Teenagers

08.11.2012

Tausende protestieren nach Selbstverbrennung in Rongo; paramilitärische Truppen rücken vor

7.11.2012

Fünf Feueropfer an einem Tag: drei Novizen in Ngaba, eine Frau in Rebkong, ein Mann in Driru

05.11.2012

Quasi-totale Nachrichtensperre nach einer Reihe von Selbstverbrennungen in Kanlho

04.11.2012

Traditioneller tibetischer Künstler stirbt nach Selbstverbrennung in Rebkong

02.11.2012

Vier Mönche wegen Informationsweitergabe über Selbstverbrennungen festgenommen

01.11.2012

Tibetischer Mönch und Erzieher aus Machu, ein anderer Mönch wegen Besitz eines Handys festgenommen

27.10.2012

Tibetische Cousins in Driru riefen nach Unabhängigkeit, als sie sich in Brand setzten

26.10.2012

Zwei weitere Selbstverbrennungen in Gansu

24.10.2012

Behörden versprechen hohe Belohnungen für Hinweise auf potentielle „Selbstverbrenner"

23.10.2012

Drei weitere Selbstverbrennungen innerhalb von drei Tagen

22.10.2012

57. Selbstverbrennungsprotest im Kloster Labrang

20.10.2012

Lhamo Kyab aus Sangchu: vierte Selbstverbrennung im Oktober

19.10.2012

33 Tibeter in der Gegen von Wonpo festgenommen

18.10.2012

Verbot von Dalai-Lama-Bildern in Amdo rigoros gehandhabt

17.10.2012

Vier tibetische Mönche im Zusammenhang mit der Selbstverbrennung von Sangay Gyatso festgenommen

13.10.2012

Weitere Selbstverbrennung in Osttibet

10.10.2012

Chinesische Behörden ermorden einen Tibeter, der sich selbst verbrennen wollte

05.10.2012

Willkürliche Festnahmen im Kloster Zilkar in der Präfektur Yushu gehen weiter

04.10.2012

Jigme Gyatso, der 2008 bei dem Film „Jigdrei" assistierte, verschwunden

01.10.2012
Vier Tibeter wegen angeblicher Unterstützung einer Selbstverbrennung und Informationsverrat verurteilt
30.09.2012
Ein weiterer Tibeter verbrennt sich unter Rufen nach Unabhängigkeit